高校入試 出る

国語

Gakken

はじめに

受験生のみなさんは，日々忙しい中学生活と，入試対策の勉強を両立しながら，志望校合格を目指して頑張っていると思います。

志望校に合格するための最も効果的な勉強法は，入試でよく出題される内容を集中的に学習することです。

そこで，入試の傾向を分析して，短時間で効果的に「入試に出る要点や内容」がつかめる，ポケットサイズの参考書を作りました。この本では，入試で得点アップを確実にするために，中学全範囲の学習内容が理解しやすいように整理されています。覚えるべきポイントは確実に覚えられるように，ミスしやすいポイントは注意と対策を示すといった工夫をしています。また，付属の赤フィルターがみなさんの理解と暗記をサポートします。

表紙のお守りモチーフには，毎日忙しい受験生のみなさんにお守りのように携えてもらって，いつでもどこでも活用してもらい，学習をサポートしたい！　という思いを込めています。この本に取り組んだあなたの努力が実を結ぶことを心から願っています。

出るナビ編集チーム一同

出るナビシリーズの特長

高校入試に出る要点がギュッとつまったポケット参考書

項目ごとの見開き構成で，入試によく出る要点や内容をしっかりおさえています。コンパクトサイズなので，入試準備のスタート期や追い込み期，入試直前の短期学習まで，いつでもどこでも入試対策ができる，頼れる参考書です。

見やすい紙面と赤フィルターでいつでもどこでも要点チェック

シンプルですっきりした紙面で，要点がしっかりつかめます。また，最重要の用語やポイントは，赤フィルターで隠せる仕組みになっているので，要点が身についているか，手軽に確認できます。

こんなときに出るナビが使える！

持ち運んで，好きなタイミングで勉強しよう！　出るナビは，いつでも頼れるあなたの入試対策のお守りです！

- 学校や塾の行き帰りに
- 寝る前の5分に
- 休み時間の友達との勉強に
- 夕飯前のちょっとした時間に
- 入試直前の総仕上げに

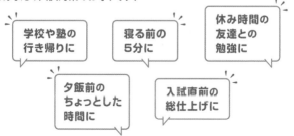

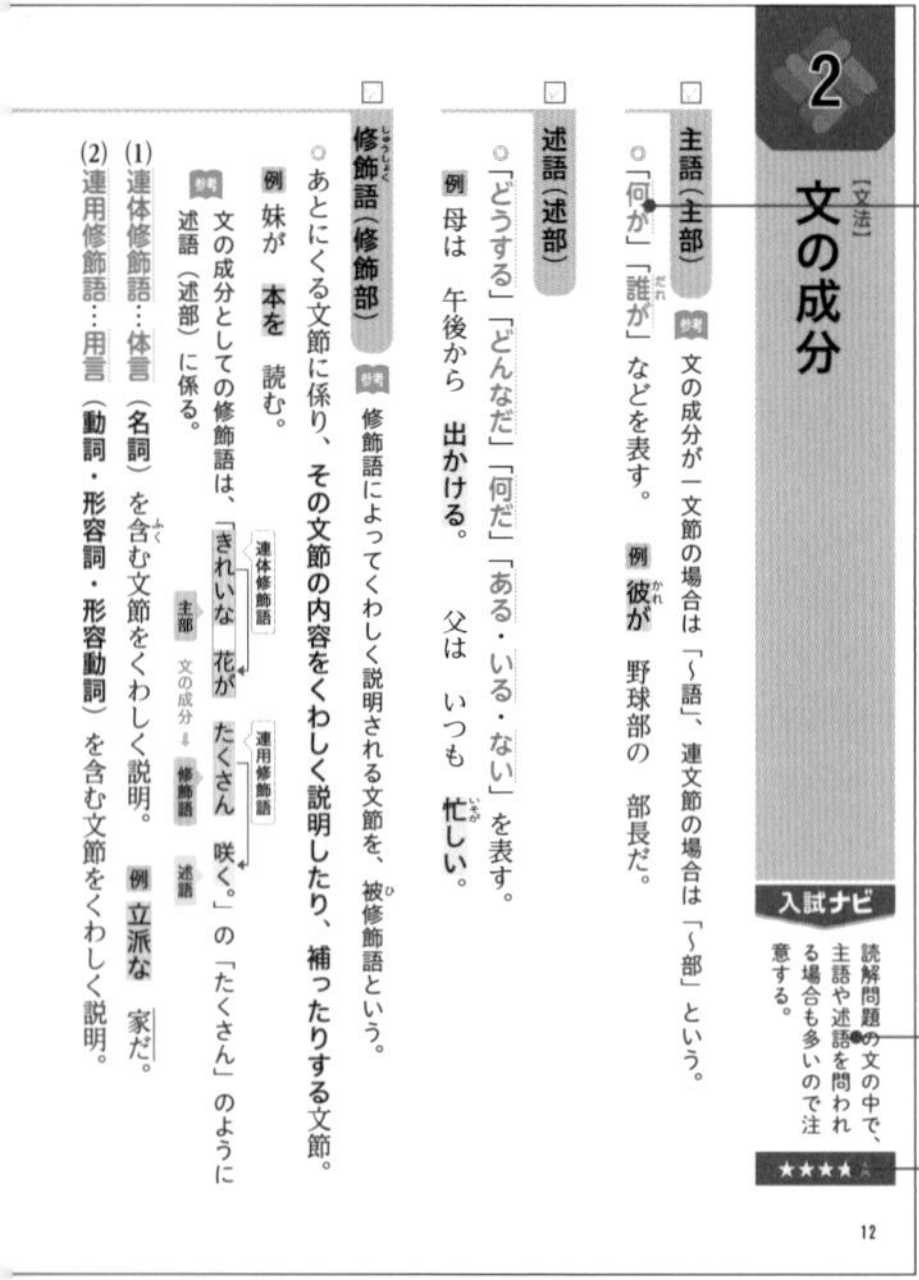

2 【文法】文の成分

主語（主部） 参考 文の成分が一文節の場合は「〜語」、連文節の場合は「〜部」という。

◎「何が」「誰《だれ》が」などを表す。 例 彼《かれ》が 野球部の 部長だ。

述語（述部）

◎「どうする」「どんなだ」「何だ」「ある・いる・ない」を表す。

例 母は 午後から 出かける。 父は いつも 忙《いそが》しい。

修飾語《しゅうしょくご》（修飾部） 参考 修飾語によってくわしく説明される文節を、被《ひ》修飾語という。

◎あとにくる文節に係り、その文節の内容をくわしく説明したり、補ったりする文節。

例 妹が 本を 読む。

参考 文の成分としての修飾語は、「きれいな 花が たくさん 咲く。」の「たくさん」のように述語（述部）に係る。

(1) 連体修飾語…体言（名詞）を含《ふく》む文節をくわしく説明。 例 立派な 家だ。

(2) 連用修飾語…用言（動詞・形容詞・形容動詞）を含む文節をくわしく説明。

入試ナビ 読解問題の文の中で、主語や述語を問われる場合も多いので注意する。

★★★★☆

12

赤フィルターをのせると消える!

最重要用語や要点は，赤フィルターで隠して確認できます。確実に覚えられたかを確かめよう！

入試ナビ 入試で問われやすい内容や，その対策などについてアドバイスしています。

☆の数は，入試における重要度を表しています。

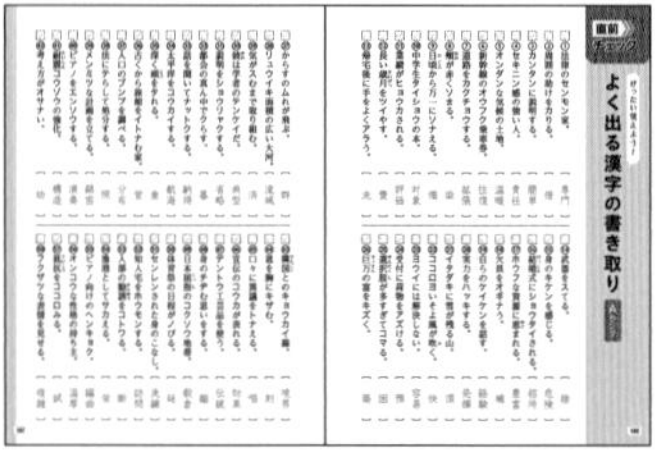

直前チェックで入試直前もバッチリ！

入試直前の短時間でもパッと見て確認できるまとめページもあります。

この本の使い方

参考 関連する学習内容や，発展的な内容を解説しています。

注意 間違えやすい内容や，押さえておきたいポイントを解説しています。

入試に出る 実戦問題
入試で問われやすい内容を，実戦に近い問題形式で確かめられます。

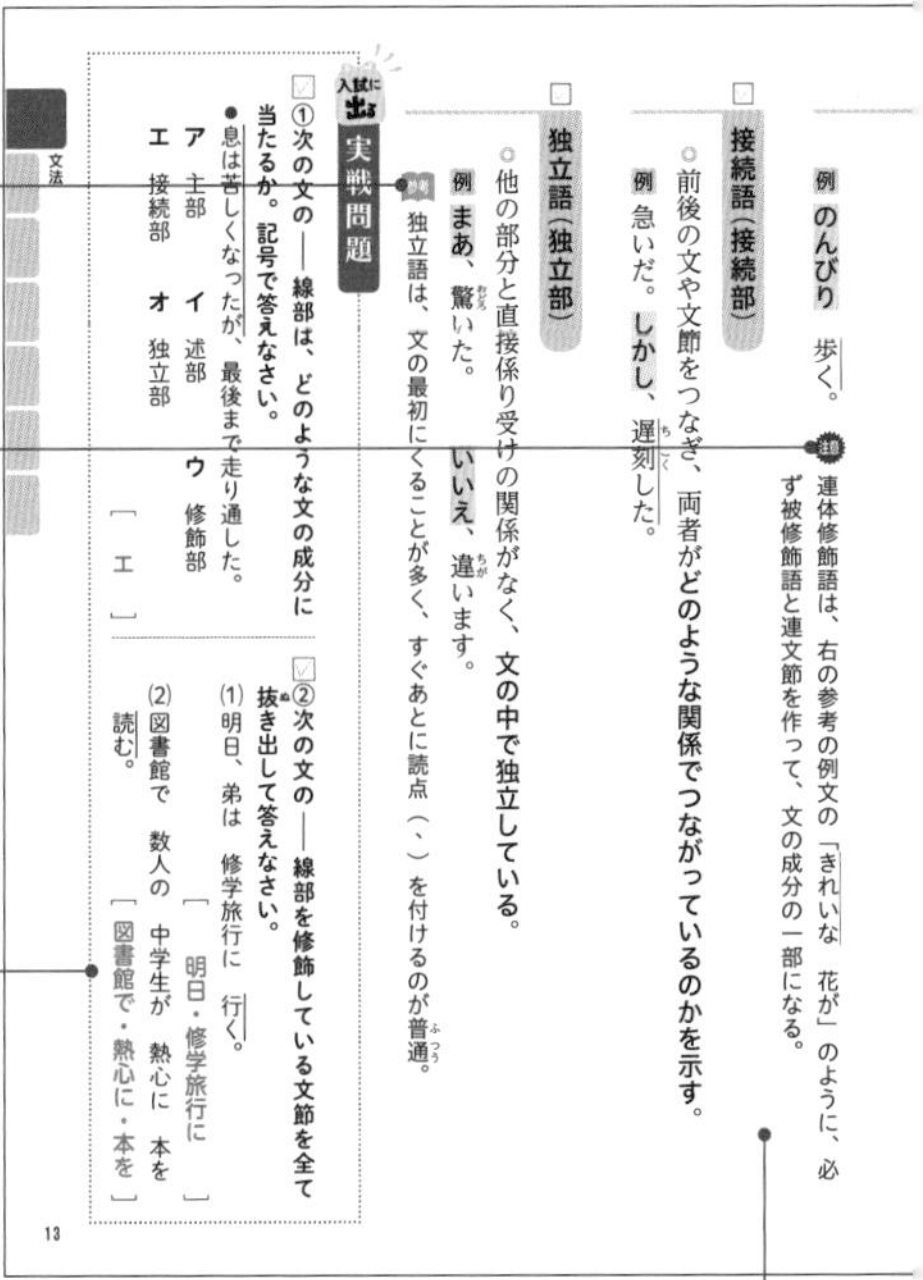
文法

例 のんびり 歩く。

注意 連体修飾語は、右の参考の例文の「きれいな 花が」のように、必ず被修飾語と連文節を作って、文の成分の一部になる。

□接続語（接続部）

◎前後の文や文節をつなぎ、両者がどのような関係でつながっているのかを示す。

例 急いだ。しかし、遅刻《ちこく》した。

□独立語（独立部）

◎他の部分と直接係り受けの関係がなく、文の中で独立している。

例 まあ、驚《おどろ》いた。 いいえ、違《ちが》います。

参考 独立語は、文の最初にくることが多く、すぐあとに読点（、）を付けるのが普通《ふつう》。

入試に出る 実戦問題

①次の文の――線部は、どのような文の成分に当たるか。記号で答えなさい。

●息は苦しくなったが、最後まで走り通した。

ア 主部　イ 述部　ウ 修飾部　エ 接続部　オ 独立部　［エ］

②次の文の――線部を修飾している文節を全て抜《ぬ》き出して答えなさい。

(1) 明日、弟は 修学旅行に 行く。［明日・修学旅行に］

(2) 図書館で 数人の 中学生が 熱心に 本を 読む。［図書館で・熱心に・本を］

13

高校入試 出るナビ 国語の特長

◎入試に出る用語・要点を簡潔にまとめてあります。

◎理解が深まる＆実戦に役立つ解説が豊富！

◎間違いやすい文法問題や重要語句も厳選して収録！

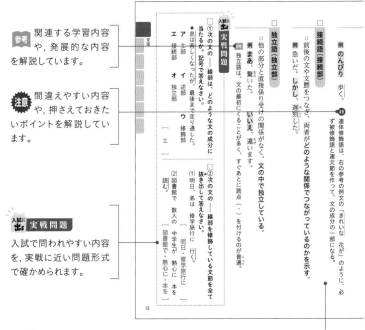

もくじ

漢字・語句

古典

文学史

読解

韻文

作文

直前チェック

高校入試 出るナビ

が暗記アプリでも使える！

ページ画像データをダウンロードして，
スマホでも「高校入試出るナビ」を使ってみよう！

暗記アプリ紹介＆ダウンロード 特設サイト

スマホなどで赤フィルター機能が使える便利なアプリを紹介します。下記のURL，または右の二次元コードからサイトにアクセスしよう。自分の気に入ったアプリをダウンロードしてみよう！

Webサイト https://gakken-ep.jp/extra/derunavi_appli/

「ダウンロードはこちら」にアクセスすると，上記のサイトで紹介した赤フィルターアプリで使える，この本のページ画像データがダウンロードできます。使用するアプリに合わせて必要なファイル形式のデータをダウンロードしよう。

※データのダウンロードにはGakkenIDへの登録が必要です。

ページデータダウンロードの手順

①アプリ紹介ページの「ページデータダウンロードはこちら」にアクセス。

②Gakken IDに登録しよう。

③登録が完了したら，この本のダウンロードページに進んで，
下記の『書籍識別ID』と『ダウンロード用PASS』を入力しよう。

④認証されたら，自分の使用したいファイル形式のデータを選ぼう！

書籍識別 ID	nyushi_ja
ダウンロード用 PASS	f9YCtjcV

〈注 意〉
◎ダウンロードしたデータは，アプリでの使用のみに限ります。第三者への流布，公衆への送信は著作権法上禁じられています。◎アプリの操作についてのお問い合わせは，各アプリの運営会社へお願いいたします。◎お客様のインターネット環境および携帯端末によりアプリをご利用できない場合や，データをダウンロードできない場合，当社は責任を負いかねます。ご理解，ご了承いただきますよう，お願いいたします。◎サイトアクセス・ダウンロード時の通信料はお客様のご負担になります。

【文法】

1 文節と文節の関係

入試ナビ

入試の文法問題では、主語・述語の関係を問うものが多く出題される。

★★★★★

主語・述語の関係

◎「何が」「誰《だれ》が」を表す主語と、「どうする」「どんなだ」「何だ」「ある」「いる」「ない」を表す述語との関係。

例 月が（主語）出る。（述語）　月が（主語）きれいだ。（述語）　今夜の 月は（主語）満月だ。（述語）

修飾《しゅうしょく》・被《ひ》修飾の関係

◎「いつ」「どこで」「何を」「どんな」「どのように」などを表して、他の文節の内容をくわしく説明する文節（修飾語）と、説明される文節（被修飾語）との関係。

例 にこやかに→話しかける。　公園で→遊ぶ。

接続の関係と独立の関係

(1) 接続の関係…文と文、文節と文節をつなぐ文節（接続語）と、あとに続く文節との関係。

例 雨天なので、→延期する。

(2) 独立の関係…他の文節と直接的な関係がなく、独立性の強い文節（独立語）と、他の部分との関係。

例 さあ、出かけよう。

並立《へいりつ》の関係と補助の関係

(1) 並立の関係…二つ以上の文節が、対等の役割で並ぶ関係。

例 兄と　弟が　協力し合う。　この　店は　安くて　おいしい。

(2) 補助の関係…主な意味を表す文節と、その下に付いて補助的に意味を添《そ》える文節との関係。

例 やって　みる。（「見る」の意味はない）　読んで　おく。（「置く」の意味はない）

参考 文節とは、意味を壊《こわ》さない程度に、発音上不自然にならないように、文をできるだけ短く区切ったまとまりのこと。並立の関係と補助の関係は、必ず連文節（二つ以上の文節が意味の上で強く結び付き、一つの文節と同じ働きをするもの）になる。

入試に出る 実戦問題

① 次の文の――線部から、主語・述語の関係にある二つの文節を抜《ぬ》き出して答えなさい。

● 機会を見つけて、あなたたちの祖父母が幼かった頃《ころ》の話をゆっくり聞いてみてはどうでしょうか。

主語［祖父母が］
述語［幼かった］

② 次の文の――線部AとBは、どのような関係か。記号で答えなさい。

● 的確なアドバイスと(A)課題を(B)与《あた》えられた。

ア 修飾・被修飾の関係
イ 並立の関係
ウ 補助の関係

［イ］

文の成分

入試ナビ
読解問題の文の中で、主語や述語を問われる場合も多いので注意する。
★★★★★

主語（主部）

◎「何が」「誰《だれ》が」などを表す。

例 **彼《かれ》が** 野球部の 部長だ。

参考 文の成分が一文節の場合は「〜語」、連文節の場合は「〜部」という。

述語（述部）

◎「どうする」「どんなだ」「何だ」「ある・いる・ない」を表す。

例 母は 午後から **出かける**。 父は いつも **忙《いそが》しい**。

修飾《しゅうしょく》語（修飾部）

参考 修飾語によってくわしく説明される文節を、被《ひ》修飾語という。

◎あとにくる文節に係り、**その文節の内容をくわしく説明したり、補ったりする文節**。

例 妹が **本を** 読む。

参考 文の成分としての修飾語は、「きれいな 花が たくさん 咲く。」の「たくさん」のように述語（述部）に係る。

（きれいな：連体修飾語 → 花が／たくさん：連用修飾語 → 咲く。）
主部　文の成分 ↓　修飾語　述語

(1) **連体修飾語…体言（名詞）**を含《ふく》む文節をくわしく説明。 例 **立派な** 家だ。

(2) **連用修飾語…用言（動詞・形容詞・形容動詞）**を含む文節をくわしく説明。

例 のんびり 歩く。

注意 連体修飾語は、右の参考の例文の「きれいな 花が」のように、必ず被修飾語と連文節を作って、文の成分の一部になる。

接続語（接続部）

◎前後の文や文節をつなぎ、両者がどのような関係でつながっているのかを示す。

例 急いだ。しかし、遅刻《ちこく》した。

独立語（独立部）

◎他の部分と直接係り受けの関係がなく、文の中で独立している。

例 まあ、驚《おどろ》いた。 いいえ、違《ちが》います。

参考 独立語は、文の最初にくることが多く、すぐあとに読点（、）を付けるのが普通《ふつう》。

入試に出る 実戦問題

☑① 次の文の——線部は、どのような文の成分に当たるか。記号で答えなさい。

●息は苦しくなったが、最後まで走り通した。

ア 主部　イ 述部　ウ 修飾部
エ 接続部　オ 独立部

［ エ ］

☑② 次の文の——線部を修飾している文節を全て抜《ぬ》き出して答えなさい。

(1) 明日、弟は 修学旅行に 行く。

［ 明日・修学旅行に ］

(2) 図書館で 数人の 中学生が 熱心に 本を 読む。

［ 図書館で・熱心に・本を ］

3 【文法】品詞の種類

入試ナビ

品詞の種類は、基本的に読解問題の文の中で問われることが多い。

★★★★☆

品詞の種類

- **単語**
  - **自立語**
    - **活用する** — **述語になる**（用言）
      - ウ段で終わる……**動詞**
      - 「い」で終わる……**形容詞**
      - 「だ・です」で終わる……**形容動詞**
    - **活用しない**
      - **主語になる（体言）**……**名詞**
      - 主に連用修飾《しゅうしょく》語になる……**副詞**
      - 連体修飾語になる……**連体詞**
      - 接続語だけになる……**接続詞**
      - 独立語だけになる……**感動詞**
  - **付属語**
    - **活用する**……**助動詞**
    - **活用しない**……**助詞**

参考

品詞とは、単語を文法上の性質や働きの違《ちが》いによって分類したもの。

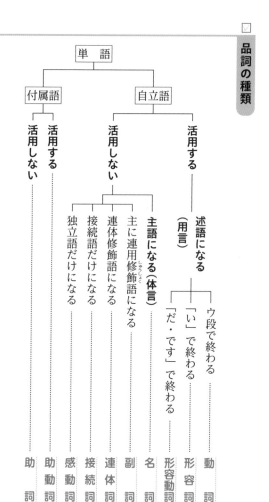

自立語・付属語

(1) 自立語…それだけで意味がわかる単語で、単独で文節を作れるもの。必ず文節の最初にあり、一文節に一つだけある。

(2) 付属語…それだけでは意味がわからない単語で、単独では文節を作れない。必ず自立語のあとに付く。一文節の中の数は決まっていない。

例 私は 今年の 春に、中学三年生に なりました。

自立語 必ず文節の最初にあり、一文節に一つだけある。

付属語 自立語のあとに一つ以上付く。（付かないこともある。）

参考 自立語と付属語を見分けるには、まず文節ごとに、次に単語ごとに区切って確かめるとよい。

入試に出る 実戦問題

① 次の文の――線部の語の品詞名として正しいものはどれか。記号で答えなさい。

● もっと上達したい。

ア 形容詞
イ 連体詞
ウ 副詞

［ ウ ］

② 次の文の――線部の語を、ア自立語、イ付属語に分類し、それぞれ記号で答えなさい。

● 十月の①終わりに②大きな③試合が④あるので⑤、毎日練習に明け暮れて⑥いる。

①［ イ ］ ②［ イ ］ ③［ ア ］
④［ ア ］ ⑤［ イ ］ ⑥［ ア ］

4 【文法】活用しない自立語

入試ナビ
主に副詞と連体詞を見分ける問題が入試で出題されることが多い。
★★★★★

名詞

◎人や物事の**名前**を表し、助詞などを伴《ともな》って**主語・述語・修飾《しゅうしょく》語**などになる。**用言**に対して**体言**とよばれる。①**普通《ふつう》名詞**（例 山・ノート）、②**固有名詞**（例 京都《きょうと》府・ドイツ）、③**数詞**（例 三人・一か月）、④**形式名詞**（例「話すこと」の「こと」、「行くとき」の「とき」）、⑤**代名詞**（例 私・これ）がある。

副詞

◎物事の**状態**や**程度**を表し、主に**連用修飾語**になる。①**状態の副詞**（例 ふと・すぐに）、②**程度の副詞**（例 とても・ずっと）、③**呼応（陳述《ちんじゅつ》・叙述《じょじゅつ》）の副詞**（例 たとえ・決して）がある。

参考 呼応の副詞は、「たとえ～**ても**」「決して～**ない**」のように受ける文節が決まった言い方になる。

連体詞

◎**体言を含《ふく》む文節**を修飾し、**連体修飾語**になる。**「～の」**型（例 この・その）、**「～る」**型（例 ある・いわゆる）、**「～な」**型（例 いろんな）、**「～が」**型（例 我《わ》が）、**「～た・だ」**

型（例 たいした・とんだ）がある。

接続詞

◎前後の文や文節をつないでその関係を示し、文の成分として単独で**接続語**だけになる。①**順接**（例 だから）、②**逆接**（例 しかし）、③**並立《へいりつ》・累加《るいか》**（例 また）、④**対比・選択《せんたく》**（例 あるいは）、⑤**説明・補足**（例 つまり）、⑥**転換《てんかん》**（例 ところで）がある。

感動詞

◎感動や呼びかけを表し、文の成分として**独立語**だけになる。①**感動**（例 あら）、②**呼びかけ**（例 おい）、③**応答**（例 ええ）、④**挨拶《あいさつ》**（例 こんにちは）などがある。

入試に出る 実戦問題

①次の文のうち、——線部が名詞ではないものはどれか。一つ選び、記号で答えなさい。

ア この絵の素晴《すば》らしさは、世間で評判になった。
イ いったん考え直すほうが現実的だ。
ウ 山頂からの見事な眺《なが》めに見とれる。
エ 彼《かれ》にはいつもの勢いがない。

［イ］

②次の文の——線部は、ア副詞、イ連体詞、ウその他の品詞のどれか。記号で答えなさい。

(1) 彼女《かのじょ》はたいした度胸の持ち主だ。［イ］
(2) たいして悩《なや》みもしなかった。［ア］
(3) 試験のある日は緊張《きんちょう》する。［ウ］
(4) この本はある方からいただいた。［イ］

5 【文法】活用する自立語

入試ナビ

読解問題の文の中で、動詞の活用形を問う問題が多く出題される。

★★★★★

用言

◎自立語の中で活用する単語を用言という。用言には動詞・形容詞・形容動詞がある。これらは単独で述語・修飾《しゅうしょく》語になる他、付属語を伴《ともな》ったりしていろいろな文の成分になる。

活用と活用形

(1)活用…下に続く語によって、単語の形が変化することをいう。
(2)活用形…単語が活用してできる形のこと。次の六つがある。

未然形…まだそうなっていない形。主に「ナイ」「ウ」「ヨウ」に続く。

連用形…用言や、助動詞「マス」、助詞「テ」「タリ」などに続く形。

終止形…言い切って終える形。

連体形…主に体言（「トキ」など）に続く形。助動詞「ヨウダ」、助詞「ノ」などにも続く。

仮定形…実現していないことを仮定して言う形。助詞「バ」に続く。

命令形…**命令して言い切る形。**

参考 形容詞・形容動詞には、命令形はない。

語幹と活用語尾《ごび》

◎用言が活用するとき、**形が変わらない部分**を**語幹**、**変わる部分**を**活用語尾**という。

例 （語幹）**走ら**（活用語尾）ナイ　**走り**マス　**走る**　**走る**トキ　**走れ**バ　**走れ**

参考 「見る」（「みナイ・みマス」と活用し、未然形・連用形が「み」だけ）のように、語幹と活用語尾の区別がない単語もある。

入試に出る 実戦問題

①次の文の――線部の活用形を答えなさい。

(1) 今は努力を必要とするときだ。［連体形］
(2) 地道にやれば解決するだろう。［仮定形］
(3) もっと元気を出せと言われる。［命令形］
(4) 今日は外出しない予定だ。［未然形］
(5) 友人と会って楽しかった。［連用形］

②終止形で示した次の単語を、全て平仮名《ひらがな》で、語幹と活用語尾に分けて答えなさい。

(1) 伝える［語幹：つた　活用語尾：える］
(2) 楽しい［語幹：たのし　活用語尾：い］
(3) 安い［語幹：やす　活用語尾：い］
(4) 見事だ［語幹：みごと　活用語尾：だ］

6 【文法】

動詞

入試ナビ

活用の種類の違《ちが》いを問う問題が多いので、しっかり覚えるようにする。

★★★★☆

動詞とは／活用の種類

◎動詞は活用し、終止形が**ウ段**の音で終わる自立語。動作・存在などを表す。

活用の種類	基本形	語幹	未然形	連用形	終止形	連体形	仮定形	命令形
続き方			ナイ・ウ・ヨウに続く	マス・タに続く	言い切る	トキに続く	バに続く	命令して言い切る
五段	知る	し	ら ろ	り っ	る	る	れ	れ
上一段	起きる	お	き	き	きる	きる	きれ	きろ きよ
下一段	食べる	た	べ	べ	べる	べる	べれ	べろ べよ
カ変	来る	○	こ	き	くる	くる	くれ	こい
サ変	する	○	し せ さ	し	する	する	すれ	しろ せよ

「カ変」は「ナイ・ヨウ」、「サ変」は「ナイ・ヌ・レル」に続く。

※「カ変」とはカ行変格活用、「サ変」とはサ行変格活用の略称《りゃくしょう》。

特殊《とくしゅ》な動詞

(1) **補助動詞（形式動詞）**…本来の意味が薄《うす》れて、**直前の語を補う働き**の動詞。補助動詞は、必ず**連文節**を作る。

例 作業を **手伝って あげる**。　薬を **飲んで みる**。

参考 補助動詞の前の文節は「～て（で）」の形になる。

(2) **可能動詞**…五段活用の動詞に、**「～できる」**という意味が加わった動詞。全て**下一段活用**になる。

例 泳げる・話せる・走れる・歩ける・歌える

注意 可能動詞は、五段活用の動詞以外からは作れない。したがって、「見れる（「見る」は上一段活用の動詞）」、「食べれる（「食べる」は下一段活用の動詞）」などの「ら抜《ぬ》き言葉」は、文法的には誤り。

入試に出る 実戦問題

① 次の文の――線部のうち、動詞の活用形が他と異なるものはどれか。記号で答えなさい。

ア 白鳥が大空を飛んでいく。
イ 説明書に書いてあるとおりに操作する。
ウ 姉から買い物に行こうと誘《さそ》われる。
エ どうすべきか迷った。

［ ウ ］

② 次の文の――線部が、補助動詞ならア、可能動詞ならイと答えなさい。

(1) 休暇《きゅうか》が終わってしまう。 ［ ア ］
(2) 彼《かれ》にならい心を許せる。 ［ イ ］
(3) この券は何度でも使える。 ［ イ ］
(4) 母は出かけている。 ［ ア ］

7

【文法】

形容詞・形容動詞

入試ナビ

形容詞・形容動詞は、同じ用言である動詞との識別の問題が多く出題される。

★★★★☆

☑ 形容詞・形容動詞とは

◎**形容詞**は活用し、**終止形**が「**い**」で終わる自立語。**形容動詞**は活用し、**終止形**が「**だ・です**」で終わる自立語。どちらも**性質・状態・感情**などを表す。

☑ 活用の種類

	基本形	語幹	未然形	連用形	終止形	連体形	仮定形	命令形
		活用形／続き方	ウに続く	タ・ナイ・ナルに続く	言い切る	トキ・ノデ・(ノ)に続く	バに続く	命令して言い切る
形容詞	早い	はや	かろ	かっ く う	い	い	けれ	○
形容動詞	楽だ	らく	だろ	だっ で に	だ	な	なら	○
形容動詞	楽です	らく	でしょ	でし	です	(です)	○	○

参考 形容詞の連用形「〜く」に「ございます・存じます」が続くと、「寒うございます」のようにウ音便になる。「うれしゅうございます」のように語幹の一部が変わることもある。

補助形容詞

◎補助形容詞は、**形式形容詞**ともいい、本来の意味が薄《うす》れて、**直前の語を補う働き**の形容詞。補助形容詞は、必ず**連文節**を作る。主な補助形容詞は「**ない・よい・ほしい**」などである。

例 話を **聞いて ほしい**。　ちっとも **楽しく ない**。

参考 形容詞と補助形容詞の「ない」の見分け方は、P33参照のこと。

入試に出る 実戦問題

①次の文から、形容詞もしくは形容動詞をそのまま抜《ぬ》き出し、その活用形を答えなさい。

(1) 風が強くなってきた。
［ 形容詞： 強く　　活用形： 連用形 ］

(2) 祖父は朗《ほが》らかな性格だ。
［ 形容動詞： 朗らかな　　活用形： 連体形 ］

②次の各組の文の――線部が、補助形容詞であるのはどちらか。記号で答えなさい。

(1) ア 今日はこのまま解散してよい。
　　イ 今日は天気がとてもよい。
［ ア ］

(2) ア わかりやすい参考書がほしい。
　　イ これ以上騒《さわ》がないでほしい。
［ イ ］

8 【文法】単語の識別①［の・で］

入試ナビ

単語の識別には、同じ語の意味・用法を問うものと、品詞の違《ちが》いを問うものがある。

★★★★

格助詞「の」の識別

部分の主語	「が」と言い換《か》えられる。	例 雨**の**降る晩。→○雨**が**降る晩。
連体修飾《しゅうしょく》語	体言に挟《はさ》まれている。	例 **東北**の**山々**。
体言の代用	「こと・もの・のもの」に言い換えられる。	例 本を読む**の**が好きだ。→○本を読む**こと**が好きだ。
並立	「～の～の」になっている。	例 暑い**の**寒い**の**と騒《さわ》ぐ。

参考 文末にあり、命令・疑問などの意味であれば、終助詞の「の」である。また、「この・その・あの・どの」という連体詞の一部が、問題中の選択肢《せんたくし》に含《ふく》まれていることもあるので注意。

「で」の識別

格助詞	「～だ」で文を終えられない。 「～な＋名詞」の形にできない。	例 書店**で**本を買う。 →×書店**だ**。本を買う。 ×書店**な**本。

助動詞「だ」の連用形	「〜だ」で文を終えられる。「〜な＋名詞」の形にできない。	例 姉は高校生である。 →○姉は高校生だ。 ×高校生な姉。
形容動詞の活用語尾《ごび》	「〜な＋名詞」の形にできる。	例 海は穏《おだ》やかである。 →○穏やかな海。
接続助詞「て」の濁音化《だくおん》	直前に動詞の音便形がある。	例 からすが飛んでいる。

参考 格助詞「で」の意味・用法には、場所、時間、手段、原因の四つがある。

注意 「でも」という副助詞の一部が、問題中の選択肢に含まれていることもあるので注意。副助詞「でも」は、「野球でもしよう。」などのように使われる。

入試に出る 実戦問題

☑①次の文の――線部「の」と同じ意味・用法のものはどれか。記号で答えなさい。

●繰《く》り返し練習するのが、上達のコツだ。

ア 夜空に広がる満天の星々に感動する。

イ 少し疲《つか》れたので、早めに休む。

ウ 気に入ったのはこれだけだ。

［ ウ ］

☑②次の文の――線部「で」と同じ意味・用法のものはどれか。記号で答えなさい。

●シチューを弱火でじっくり煮込《にこ》む。

ア 台所から母が呼んでいる声がする。

イ ドライバーでねじを締《し》め直す。

ウ 今日も父は残業である。

［ イ ］

9 【文法】単語の識別②「ばかり・ほど」

入試ナビ

「ばかり」「ほど」の意味の識別問題は、文脈に注意して考えるようにする。

★★★★★

副助詞「ばかり」の識別

程度	「ほど・くらい」と言い換《か》えられる。	例 十人ばかり人手がいる。 →○十人ほど(くらい)人手がいる。
限定	「だけ」と言い換えられる。	例 お菓子《かし》ばかり食べている。 →○お菓子だけ食べている。
状態	「今にも〜(し)そう」と言い換えられる。	例 泣き出さんばかりの顔だ。 →○今にも泣き出しそうな顔だ。
動作の完了《かんりょう》	「〜(し)て間もない」と言い換えられる。	例 買ったばかりの本を読む。 →○買って間もない本を読む。

参考 「ほど」「くらい」「だけ」は、「ばかり」と同じ副助詞である。

副助詞「ほど」の識別

程度	「くらい」と言い換えられる。	例 十分ほど席を外す。 →○十分くらい席を外す。
比較《ひかく》	「より」と言い換えられる。	例 昔ほど不便ではない。 →○昔より不便ではない。
比例	「〜につれてますます」と言い換えられる。	例 知れば知るほど謎《なぞ》が深まる。 →○知るにつれてますます謎が深まる。

参考 比較の意味の「ほど」は、「〜ない」のように下に否定（打ち消し）の言葉がくる。

入試に出る 実戦問題

①次の文の――線部「ばかり」と同じ意味・用法のものはどれか。記号で答えなさい。

● 落ち込《こ》んで、毎日ため息ばかりついている。

ア あれから半月ばかりたった。

イ 文句ばかり言うのはよくない。

ウ さっき終わったばかりだ。

［ イ ］

②次の文の――線部「ほど」と同じ意味・用法のものはどれか。記号で答えなさい。

● 読むほどに興味が湧《わ》いてくる。

ア 否定すればするほど疑いが強まる。

イ 彼《かれ》ほど親切な人はなかなかいない。

ウ 三冊ほど本を借りる。

［ ア ］

10

【文法】

単語の識別③「に・と」

入試ナビ

「に」は、主に格助詞とその他の品詞の「に」との識別が問われる。

★★★★★

「に」の識別

格助詞	「〜だ」で文を終えられない。「〜な＋名詞」の形にできない。	例 兄は山に行く。 →×兄は山だ。　×山な兄。
接続助詞「のに」の一部	「のに」を「けれど」と言い換《か》えられる。	例 寒いのに、薄着《うすぎ》だ。 →○寒いけれど、薄着だ。
助動詞「ようだ・そうだ」の一部	直前に「よう・そう」がある。	例 羽のように軽い。 例 楽しそうに笑う。
形容動詞の活用語尾《ごび》	「〜な＋名詞」の形にできる。	例 弟は素直《すなお》に従った。 →○素直な弟。

参考 「すでに」「さらに」など、副詞の一部の「に」もある。格助詞の「に」は、場所の意味の他に目的・対象・原因・結果の意味もある。格助詞「に」の場合、主に、「友人に話す」のように体言に付いて、下に続く用言を修飾《しゅうしょく》する連用修飾語になる。

「と」の識別

格助詞（引用）	前の部分を「　」でくくれる。	例 遊ぼうと言われる。 →○「遊ぼう」と言われる。
格助詞（その他）	体言に付いている。	例 母と買い物に行く。 例 水の泡《あわ》となる。
接続助詞	活用語の終止形に付いている。	例 傷口を触《さわ》ると痛む。

参考 「もっと」「ずっと」「ふと」「ぽつんと」「ゆっくりと」など、副詞の一部の「と」もある。

入試に出る

実戦問題

① 次の文の――線部「に」と同じ意味・用法のものはどれか。記号で答えなさい。

● 母と映画館に行く。

ア 疲《つか》れているのに無理をする。
イ 会場内では静かにすべきだ。
ウ 祖父は山形県に住んでいる。

［ ウ ］

② 次の文の――線部「と」と同じ意味・用法のものはどれか。記号で答えなさい。

● やめておけと止められる。

ア もっと上達したいと思う。
イ 窓を開けると冷たい風が吹《ふ》き込《こ》んだ。
ウ 友人たちと相談する。

［ ア ］

【文法】

11 単語の識別④［か・でも］

入試ナビ

「か」「でも」は、ともに文脈から意味を見分けさせる問題が多い。

★★★★★

「か」の識別

副助詞	不確か・選択の意味になる。直後に「と」を補うと不自然になる。	例 行くか（×と）行かないか（×と）わからない。
終助詞	文末にある。文中にあるときには直後に「と」を補える。	例 君ならどちらを選ぶか。 例 彼《かれ》は元気かと気になる。

注意 「か」は、副助詞・終助詞とも、文脈から意味を見分けさせる出題もあるので注意。副助詞「か」は疑問・不確か・選択《せんたく》の意味、終助詞「か」は疑問・勧誘《かんゆう》・反語・感動の意味で使われる。

「でも」の識別

副助詞	「さえ」と言い換《か》えられる。	例 子どもでも知っている。 →○子どもさえ知っている。

接続助詞「ても」の濁音《だくおん》化	直前に動詞の音便形がある。	例 急いでも間に合わない。 例 高く飛んでも届かない。
格助詞「で」＋副助詞「も」	「も」を取り除いても意味が通じる。	例 近所でも評判になる。 →○近所で評判になる。

参考 副助詞「でも」「さえ」「だって」には類推の意味がある。類推とは、ある事柄《ことがら》についての一例を挙げて、その他のものも同様であることを推測させること。

入試に出る 実戦問題

☑ ① 次の文の――線部「か」と同じ意味・用法のものはどれか。記号で答えなさい。

● 一緒《いっしょ》に帰ろうかと誘《さそ》われる。

ア 力を貸してくれないかと言われる。
イ よほどうれしかったのか感謝された。
ウ 出かけるか家にいるか決める。

［ ア ］

☑ ② 次の文の――線部「でも」と同じ意味・用法のものはどれか。記号で答えなさい。

● そんなものは誰《だれ》でも持っている。

ア 恨《うら》んでもしかたのないことだ。
イ 専門家でも頭を悩《なや》ませる問題だ。
ウ 教室でもうわさになる。

［ イ ］

12

【文法】

単語の識別⑤［れる・られる・ない］

入試ナビ

読解問題の文の中で問われる「ない」は、文脈からしっかり識別する。

★★★★

助動詞「れる・られる」の識別

受け身	「〜ことをされる」と言い換《か》えられる。	例 弟が母にしか**られる**。 →○弟が母にしかる**ことをされる**。
可能	「〜ことができる」と言い換えられる。	例 朝六時には起き**られる**。 →○朝六時には起きる**ことができる**。
尊敬	「お〜になる」と言い換えられる。	例 先生が出かけ**られる**。 →○先生が**お**出かけ**になる**。
自発	文節の前に「自然に」を補える。	例 昔のことが思い出さ**れる**。 →○昔のことが**自然に**思い出さ**れる**。

注意 可能動詞の「――れる」と混同しないように。「登れる」「乗れる」などのように、「れる」を「ない」に言い換えることができないものは、一語の可能動詞である。「れる」が助動詞の場合、「笑われる」を「笑わない」のように言い換えることができる。

「ない」の識別

助動詞（否定〈打ち消し〉）	「ぬ」と言い換えられる。	例 全く連絡《れんらく》がつかない。 →○全く連絡がつかぬ。
補助形容詞	直前に「は・も」を補える。	例 値段は高くない。 →○値段は高くはない。
形容詞の一部	「ぬ」に言い換えられず、「は・も」も補えない。	例 妹はまだおさない。 →×おさぬ　×おさはない

参考 形容詞「ない」の場合は、「ノートがない」のように直前に助詞があることから判断できる。

入試に出る 実戦問題

①次の文の――線部「れる」と同じ意味・用法のものはどれか。記号で答えなさい。

● 旅先で雨に降られる。

ア　あのときの失言が悔《く》やまれる。

イ　部長が祝辞を読まれる。

ウ　学級委員に選ばれる。

［ ウ ］

②次の文の――線部「ない」と同じ意味・用法のものはどれか。記号で答えなさい。

● 風邪《かぜ》を引いて声が出ない。

ア　この建物はそんなに古くない。

イ　故郷を思い出すと少しせつない。

ウ　彼女《かのじょ》の気持ちはわからない。

［ ウ ］

13 〔文法〕単語の識別⑥「ようだ・らしい」

入試ナビ

助動詞「ようだ」は、「たとえ（比喩《ひゆ》）」と「例示」の識別が問われやすい。

★★★★★

助動詞「ようだ」の識別

推定	「どうやら～らしい」と言い換《か》えられる。	例 強風は収まったようだ。→〇強風はどうやら収まったらしい。
たとえ（比喩《ひゆ》）	文節の前に「まるで」を補える。	例 白い花が雪のようだ。→〇白い花がまるで雪のようだ。
例示	文節の前に「例えば」を補える。	例 彼女《かのじょ》のように意志の強い人になりたい。→〇例えば彼女のように意志の強い人になりたい。

注意 「ようだ」の識別は、「ように」の形で出題されることも多い。

「らしい」の識別

助動詞	文節の前に「どうやら」を	例 あの人影《ひとかげ》は彼《かれ》だったらしい。

（推定）	補える。	↓○あの人影はどうやら彼だったらしい。
形容詞の一部	文節の前に「いかにも」を補える。	例 彼らしい意思表示のしかただ。 ↓○いかにも彼らしい意思表示のしかただ。

参考 「ようだ」「ようです（「ようだ」の丁寧《ていねい》な言い方）」「らしい」は、同じ推定の意味があるので、互《たが》いに入れ換えて意味が通じれば、推定の助動詞「ようだ」か「らしい」だと判断できる。

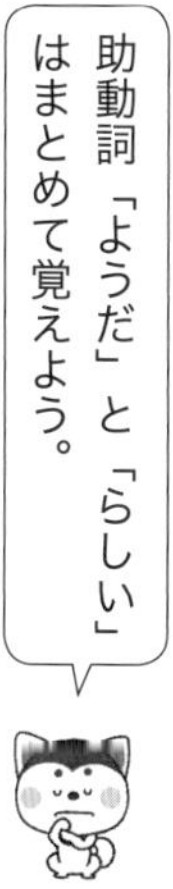

入試に出る 実戦問題

①次の文の――線部「ように」と同じ意味・用法のものはどれか。記号で答えなさい。

●あの人のように強くなりたい。

ア 喜びで瞳《ひとみ》がダイヤのように輝《かがや》く。

イ 彼は、あの名優のように演技がうまい。

ウ 呼ばれたように感じる。

［ イ ］

②次の文の――線部「らしい」と同じ意味・用法のものはどれか。記号で答えなさい。

●思いがけず、気に入られたらしい。

ア 春らしい暖かな陽気だ。

イ じっとこらえる様子がいじらしい。

ウ あれは弟の仕業《しわざ》らしい。

［ ウ ］

14

【文法】

単語の識別⑦［ある・だ］

入試ナビ

「ある」「だ」とも、それぞれ品詞の違《ちが》いをしっかり識別できるようにしておく。

★★★★☆

「ある」の識別

動詞	「存在する」と言い換《か》えられる。	例 駅のそばに書店がある。 →○駅のそばに書店が存在する。
補助動詞	直前に「て（で）」がある。	例 黒板に貼《は》ってある。 例 靴《くつ》が脱《ぬ》いである。
連体詞	「存在する」と言い換えられない。	例 昨日、ある人と会った。 →×昨日、存在する人と会った。

参考 「あった」と活用できれば動詞（補助動詞）、活用できなければ連体詞という判断のしかたもある。

「だ」の識別

形容動詞の活用語尾《ごび》	文節の前に「とても」を補える。	例 彼《かれ》は誠実だ。 →○彼はとても誠実だ。

助動詞（断定）	文節の前に連体修飾《しゅうしょく》語を補える。	例 あの人が先生だ。 →○あの人が担任の先生だ。
助動詞「た」の濁音《だくおん》化	直前に動詞の音便形がある。	例 畑でなすをもいだ。 例 一列に並んだ。
助動詞の一部	直前に「よう・そう」がある。	例 外は晴れたようだ。 例 早く帰れそうだ。

参考 「助動詞の一部」とは、「ようだ」「そうだ」の一部ということ。

入試に出る 実戦問題

☑ ①次の文の——線部「ある」と同じ意味・用法のものはどれか。記号で答えなさい。

● そこにある道具を手に取ってみる。

ア ないようであるような不思議な感覚だ。

イ 玄関《げんかん》先に置いてある置き物が割れる。

ウ 昨年のある夏の日のことだった。

［ ア ］

☑ ②次の文の——線部「だ」と同じ意味・用法のものはどれか。記号で答えなさい。

● 今日は波が穏《おだ》やかだ。

ア あの白い建物は市役所だ。

イ 彼は何事に対しても慎重《しんちょう》だ。

ウ 湖でボートをこいだ。

［ イ ］

15 【文法】単語の識別⑧［う・よう・そうだ］

入試ナビ

助動詞「そうだ」の二つの意味の識別が問われることが多いので注意。

★★★★

「う・よう」の識別

推量	文節の前に「たぶん」を補える。	例 彼女《かのじょ》は忙《いそが》しかろう。 →○彼女はたぶん忙しかろう。
意志	「〜つもりだ」と言い換《か》えられる。	例 彼《かれ》には私から伝えよう。 →○彼には私から伝えるつもりだ。
勧誘《かんゆう》	文節の前に「一緒《いっしょ》に」を補える。	例 明日、食事に行こう。 →○明日、一緒に食事に行こう。

参考 「う」が形容詞に付くときには、必ず推量の意味になる。

「そうだ」の識別

助動詞（伝聞）	活用語の終止形に接続する。	例 明日は暑いそうだ。 例 大会は延期になるそうだ。

助動詞（推定・様態）	動詞・助動詞の連用形や、形容詞・形容動詞の語幹に接続する。	例 大会は延期になりそうだ。 例 明日は暑そうだ。
副詞「そう」＋助動詞「だ」	**「そうだ」の前で文節に区切ることができる。**	例 僕《ぼく》もそうだと思う。 →○僕も／そうだと思う。（○切れる）

注意 「僕も楽しそうだと思う。」（×切れない）のように「そうだ」の前で文節に区切れない場合は、助動詞「そうだ」である。

参考 「行くそうです」の「そうです」は、助動詞「そうだ」の丁寧《ていねい》な言い方で、一語で助動詞である。

入試に出る 実戦問題

①次の文の――線部「う」と同じ意味・用法のものはどれか。記号で答えなさい。

●私は、未来に希望をもって進もう。

ア 満開の山桜はさぞ美しかろう。

イ 私も無理なことはきっぱり断ろう。

ウ さあ、一緒に買い物に行こう。

［ イ ］

②次の文の――線部「そうだ」と同じ意味・用法のものはどれか。記号で答えなさい。

●毎日練習に励《はげ》んでいるそうだ。

ア 皆《みな》、それもそうだと納得する。

イ 弟にはまだ難しそうだ。

ウ なぜなのか不思議だそうだ。

［ ウ ］

【文法】
16 単語の識別⑨［が・さえ］

入試ナビ
「が」は、格助詞と接続助詞との識別を問われることが多い。

★★★★★

「が」の識別

格助詞	体言・助詞に接続している。	例 目的地が近づく。 例 彼《かれ》のが最後に仕上がった。
接続助詞	活用語に接続している。	例 寒いが、雪は降らない。
接続詞	単独で文節になっている。	例 寒い。が、雪は降らない。
終助詞	文末にある。	例 お願いがあるのですが。

参考 接続助詞と接続詞の「が」はどちらも、逆接の働きをする。違《ちが》いは、接続助詞の「が」が単独で文節を作れない付属語で、接続詞の「が」は単独で文節を作れる自立語であるという点である。

副助詞「さえ」の識別

限定	「さえ〜ば」の形になっている。	例 君さえいれば事足りる。

	「だけ」と言い換えられる。	→○君だけいれば事足りる。
添加《てんか》	「そのうえ〜まで」と言い換えられる。	例 寒いのに、雪さえ降り出した。 →○寒いのに、そのうえ雪まで降り出した。
類推	「でも・だって」と言い換えられる。	例 子どもさえ理解できる。 →○子どもでも（だって）理解できる。

参考 限定の意味の副助詞には、他に「しか」などもあるが、「しか」の場合は「君しかいない。」などのように、「ない・まい」などの否定（打ち消し）の意味をもつ語とともに用いる。

入試に出る 実戦問題

☑ ①次の文の——線部「が」と同じ意味・用法のものはどれか。記号で答えなさい。

● 無意識のうちにだが顔に気持ちが出ていた。

ア 知らず知らずのうちに笑顔《えがお》が広がる。
イ どいてほしいのだがと苦情が出る。
ウ 気持ちはありがたいが断る。

［ ウ ］

☑ ②次の文の——線部「さえ」と同じ意味・用法のものはどれか。記号で答えなさい。

● 立ち上がることさえできなかった。

ア 兄は暇《ひま》さえあればゲームをしている。
イ 名誉《めいよ》だけでなく自尊心さえ失う。
ウ 今でさえ恐怖《きょうふ》を感じる。

［ ウ ］

部首

【漢字・語句】

入試ナビ

行書で書かれた複数の漢字に共通する部首名を答える問題などが出る。

★★★★☆

部首の種類

(1) へん …漢字の**左側**の部分。例 言（ごんべん）・阝（こざとへん）

(2) つくり …漢字の**右側**の部分。例 阝（おおざと）・頁（おおがい）

(3) かんむり …漢字の**上**の部分。例 宀（うかんむり）・冖（わかんむり）・穴（あなかんむり）

(4) あし …漢字の**下**の部分。例 灬（れんが・れっか）・皿（さら）

(5) たれ …漢字の**上から左下**に垂れる部分。例 广（まだれ）・厂（がんだれ）・疒（やまいだれ）

(6) にょう …漢字の**左から下**にかけて付く部分。例 辶（しんにょう・しんにゅう）・廴（えんにょう）・走（そうにょう）

(7) かまえ …漢字の**周り**を囲んでいる部分。例 囗（くにがまえ）・門（もんがまえ）・行（ぎょうがまえ・ゆきがまえ）

部首の形

◎部首の中には、使われる場所によって**違《ちが》う形**になるものがある。

例
- 火（ひ）―灬（れんが・れっか）
- 刀（かたな）―刂（りっとう）
- 示（しめす）―ネ（しめすへん）
- 肉（にく）―月（にくづき）
- 人（ひと）―亻（にんべん）・𠆢（ひとやね）
- 水（みず）―氵（さんずい）・氺（したみず）
- 心（こころ）―忄（りっしんべん）・⺗（したごころ）

参考 部首は、複数の漢字が共通してもつもので、漢字の意味を表していることが多い。

「衣（ころも）」と「衤（ころもへん）」など、他にもたくさんあるね。

入試に出る

実戦問題

① 次の漢字について、部首名を平仮名《ひらがな》で書きなさい。

(1) 限 ［こざとへん］
(2) 建 ［えんにょう］
(3) 包 ［つつみがまえ］
(4) 登 ［はつがしら］
(5) 顔 ［おおがい］

② 次の漢字のうち、部首が他と異なるものはどれか。記号で答えなさい。

(1) **ア** 間 **イ** 聞 **ウ** 開 ［イ］
(2) **ア** 者 **イ** 考 **ウ** 孝 ［ウ］
(3) **ア** 圧 **イ** 原 **ウ** 厚 ［ア］
(4) **ア** 府 **イ** 庭 **ウ** 応 ［ウ］

18

【漢字・語句】

画数・筆順

入試ナビ

行書で書かれた漢字の総画数や筆順が問われることが多い。

★★★★☆

画数

◎漢字を書くときに、**ひと続きに書く線や点**を画《かく》という。画は、折れる線や曲がる線なども、**ひと続きに書く線は全て一画と数える。**

例 乙（一画）　九（二画）　口（三画）　及（三画）　片（四画）

比（四画）　皮（五画）　糸（六画）　近（七画）　防（七画）

身（七画）　改（七画）　延（八画）　発（九画）　歯（十二画）

注意 赤い部分を一画で書くことに注意。（　）の中は漢字の総画数を表す。

筆順

(1) 筆順の二大原則…上から下へ（例 一 二 三）、左から右へ（例 ノ 川 川）

(2) その他の主な筆順の原則

- 縦画と横画が交わるときは、横画が先（例 一 十 土）
- 中と左右に分かれるときは、中が先（例 亅 小 小）
- 外側に囲みがあるときは、外側が先（例 冂 同）

●左払《ばら》いと横画が交わるときは、

［1］左払いが短い字は、左払いが先（例 ノナ右）

［2］左払いが長い字は、横画が先（例 一ナ左）

●全体を貫《つらぬ》く縦画や横画があるとき、貫く画は最後（例 口中）

(3) 原則から外れる筆順

●縦画と横画が交わるが、縦画が先（例 丅干王）

●中と左右に分かれるが、左右が先（例 丶丷火）

●外側に囲みがあるが、外側の一部が後（例 一ヌ区）

入試に出る 実戦問題

☑ ①次の漢字のうち、総画数が他と異なるものはどれか。記号で答えなさい。

(1) ア 母　イ 民　ウ 地　〔ウ〕

(2) ア 馬　イ 後　ウ 酒　〔イ〕

(3) ア 所　イ 城　ウ 係　〔ア〕

(4) ア 展　イ 務　ウ 病　〔イ〕

☑ ②次の漢字を楷書《かいしょ》で書くとき、赤で示した部分は何画目になるか。算用数字で答えなさい。

(1) 身　〔3〕画目

(2) 館　〔12〕画目

(3) 焼　〔7〕画目

(4) 低　〔5〕画目

19 【漢字・語句】熟語の構成

入試ナビ

二字熟語の構成を問われることが多いので、基本的な「熟語の構成」はしっかり覚える。

★★★★

二字熟語の構成

(1) 意味が似ている漢字を重ねた構成（例 減少・豊富・過去・樹木）

(2) 意味が反対や対《つい》になる漢字を重ねた構成（例 善悪・送迎《そうげい》・表裏）

(3) 上の漢字が主語で、下の漢字が述語になる構成（例 国立・人造）

(4) 上の漢字が下の漢字を修飾《しゅうしょく》する構成（例 国旗・厳禁・濃霧《のうむ》）

(5) 下の漢字が上の漢字の動作の目的や対象になる構成（例 着席・延期・握手《あくしゅ》・遅刻《ちこく》）

三字熟語の構成

◎「一字＋二字」「二字＋一字」「一字＋一字＋一字」のどれかになる。

(1) 上が下を修飾する構成（例 好景気・美意識・専門家・向上心）

(2) 二字熟語に接頭語か接尾《せつび》語が付く構成（例 無意識・簡略化）

(3) 三字が対等な関係で並んでいる構成（例 衣食住・松竹梅・天地人）

まず、二字熟語の構成を覚えて、三・四字熟語の構成に応用しよう。

四字熟語の構成

◎主に「二字＋二字」の構成に分け、それぞれ二字熟語の構成に当てはめて考える。

(1)意味が似ている二字熟語を重ねた構成（例 悪戦苦闘《くとう》・完全無欠）

(2)意味が反対や対になる二字熟語を重ねた構成（例 有名無実）

(3)上の熟語が下の熟語を修飾する構成（例 暗中模索《もさく》・取捨選択《せんたく》）

(4)上の熟語が主語、下の熟語が述語になる構成（例 大器晩成）

参考 「古今東西」のように四字の漢字が対等に並んでいる構成もある。また、「大運動会」「天文学的」のように一字の漢字と三字熟語に分けられるものもある。

入試に出る 実戦問題

☑ ①(1)「排水《はいすい》」、(2)「断続」と同じ構成の二字熟語はどれか。記号で答えなさい。

(1) ア 雷鳴《らいめい》　イ 皮膚《ひふ》　ウ 腹痛　エ 観劇　［ エ ］

(2) ア 減少　イ 貸借《たいしゃく》　ウ 仏滅《ぶつめつ》　エ 激突《げきとつ》　［ イ ］

☑ ②「本末転倒《ほんまつてんとう》」について、熟語の構成を説明したものとして適切なものはどれか。記号で答えなさい。

ア 意味が似ている二字熟語を重ねた構成

イ 上の熟語が下の熟語を修飾する構成

ウ 上の熟語が主語、下の熟語が述語になる構成

エ 四字が対等に並んでいる構成

［ ウ ］

20

【漢字・語句】

よく出ることわざ・故事成語

入試ナビ

空欄補充《くうらんほじゅう》問題や、ことわざ・故事成語の意味を問う問題などが出題されやすい。

★★★★★

ことわざ

(1) ぬかに釘《くぎ》…助言や忠告をしても全く効き目がないこと。
=のれんに腕押《うでお》し・豆腐《とうふ》にかすがい

(2) 弘法《こうぼう》にも筆《ふで》の誤《あやま》り…どんな名人でも、時には失敗することがあること。
=猿《さる》も木《き》から落《お》ちる・河童《かっぱ》の川流《かわなが》れ・上手《じょうず》の手《て》から水《みず》が漏《も》る

(3) 泣《な》き面《つら》に蜂《はち》…不運な上に不運が重なること。=弱《よわ》り目《め》に祟《たた》り目《め》

(4) 石《いし》の上《うえ》にも三年《さんねん》…辛抱《しんぼう》すれば、やがて成果が表れること。
=雨垂《あまだ》れ石《いし》を穿《うが》つ

(5) 立《た》つ鳥跡《とりあと》を濁《にご》さず…立ち去るときは、あとが見苦しくないようにするべきだ。
↔後《あと》は野《の》となれ山《やま》となれ…目先のことさえどうにか済ませれば、あとはどうなっても構わない。

故事成語

参考 故事成語とは、主に中国に昔から伝わる、いわれのある事柄《ことがら》(故事)からできた言葉。

(1) 杞憂《きゆう》…無駄《むだ》な心配。取り越《こ》し苦労。

(2) **推敲**《すいこう》…詩や文章の表現を何度も練り直すこと。

(3) **朝三暮四**《ちょうさんぼし》…目先の損得にとらわれて、結果が同じことに気づかないこと。また、口先で人をだますこと。

(4) **温故知新**《おんこちしん》…昔のことを研究して、新しい知識や方法を得ること。

(5) **蛍雪**《けいせつ》**の功**《こう》…大変な苦労をして学問に励《はげ》んだ成果。

(6) **他山**《たざん》**の石**《いし》…自分の人格を磨《みが》くのに役立つ材料となる、他の人のつまらない行いや言葉。

(7) **塞翁**《さいおう》**が馬**《うま》…人の幸・不幸は予測することができないこと。

(8) **背水**《はいすい》**の陣**《じん》…決死の覚悟《かくご》で全力を尽《つ》くして事に当たること。

(9) **覆水盆**《ふくすいぼん》**に返**《かえ》**らず**…一度したことは取り返しがつかないということ。

入試に出る 実戦問題

① 次のことわざと似た意味のことわざは何か。［ ］に合う言葉をそれぞれ答えなさい。

(1) 急《いそ》がば回《まわ》れ ＝［急《せ》いては］事《こと》を仕損《しそん》じる

(2) 歳月人《さいげつひと》を待《ま》たず ＝［光陰《こういん》］矢《や》のごとし

(3) 猫《ねこ》に小判《こばん》 ＝豚《ぶた》に［真珠《しんじゅ》］

(4) 月《つき》とすっぽん ＝［ちょうちん］に釣《つ》り鐘《がね》

② 次の文の□に当てはまる故事成語として正しいものはどれか。記号で答えなさい。

●長年住み慣れた土地を□で去る。

ア 四面楚歌《しめんそか》　**イ** 玉石混淆《ぎょくせきこんこう》
ウ 断腸《だんちょう》の思《おも》い　**エ** 漁夫《ぎょふ》の利《り》
オ 蛇足《だそく》　**カ** 登竜門《とうりゅうもん》

［ウ］

21

【漢字・語句】

よく出る四字熟語

入試ナビ

空欄《くうらん》補充《ほじゅう》問題や、四字熟語を正しく使った文を選ぶ問題などが多い。

★★★★

数字を使った四字熟語

(1) 一日千秋《いちじつせんしゅう》…非常に待ち遠しいこと。(「いちにちせんしゅう」ともいう。)
(2) 一朝一夕《いっちょういっせき》…僅《わず》かの間。短い日時。
(3) 危機一髪《ききいっぱつ》…ごく僅かな差で、危険なことに陥《おちい》りそうな状態。
(4) 四苦八苦《しくはっく》…うまくいかなくて、非常に苦しむこと。
(5) 七転八倒《しちてんばっとう》…痛みや苦しみのために、転げ回ること。(「しってんばっとう」ともいう。)
(6) 十人十色《じゅうにんといろ》…人によって、好みや考え方がそれぞれ違《ちが》うこと。
(7) 四六時中《しろくじちゅう》…一日中。昼も夜も。いつも。
(8) 千変万化《せんぺんばんか》…さまざまに変化すること。

注意 (8)と似ている「千差万別《せんさばんべつ》」は「多くの種類があり、それぞれ違うこと。」という意味。

(9) 二束三文《にそくさんもん》…数が多くても、非常に安い値段にしかならないこと。

それ以外の四字熟語

(1) 暗中模索《あんちゅうもさく》…手がかりのないままに、いろいろやってみること。
(2) 異口同音《いくどうおん》…多くの人が口をそろえて同じことを言うこと。

(3) **以心伝心**《いしんでんしん》…口に出して言わなくても、互《たが》いに心が通じること。
(4) **意味深長**《いみしんちょう》…裏に別の深い意味を含《ふく》んでいる様子。
(5) **因果応報**《いんがおうほう》…行いの善悪が原因となり、それに相応した報《むく》いがあること。
(6) **我田引水**《がでんいんすい》…自分の都合のいいように言ったりしたりすること。
(7) **空前絶後**《くうぜんぜつご》…今までにもなく、今後もありえないような珍《めずら》しいこと。
(8) **針小棒大**《しんしょうぼうだい》…小さなことを大げさに言うこと。
(9) **付和雷同**《ふわらいどう》…自分の考えがなく、むやみに人の意見に従うこと。
（「附和雷同」とも書く。）

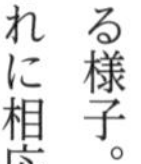

四字熟語には、故事成語のものもあるよ。P49で確認《かくにん》しよっ。

入試に出る 実戦問題

① 次の四字熟語と似た意味の四字熟語は何か。［　］に合う言葉をそれぞれ答えなさい。

(1) 因果応報《いんがおうほう》＝自業《じごう》［自得《じとく》］
(2) 一挙両得《いっきょりょうとく》＝［一石《いっせき》］二鳥《にちょう》
(3) 優勝劣敗《ゆうしょうれっぱい》＝弱肉《じゃくにく》［強食《きょうしょく》］
(4) 意志薄弱《いしはくじゃく》＝優柔《ゆうじゅう》［不断《ふだん》］

② 次の意味の四字熟語を答えなさい。

(1) 自分で自分を褒《ほ》めること。［自画自賛《じがじさん》］
(2) 今までに聞いたこともないような、珍しいこと。未曽有《みぞう》。［前代未聞《ぜんだいみもん》］
(3) 絶望的な状態のものを立ち直らせること。［起死回生《きしかいせい》］

22

【漢字・語句】

よく出る慣用句

入試ナビ

空欄《くうらん》補充《ほじゅう》問題や、慣用句の意味を問う問題などが出題されやすい。

★★★★

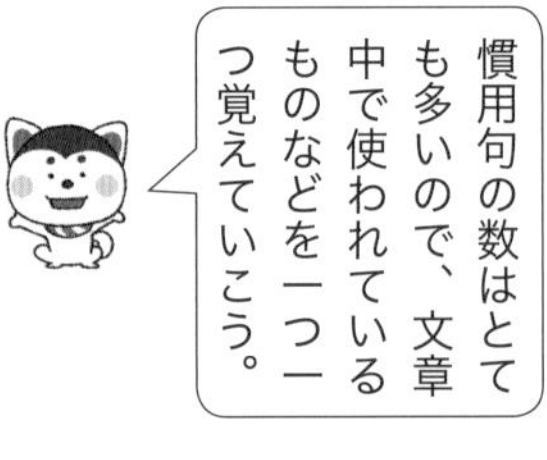
慣用句の数はとても多いので、文章中で使われているものなどを一つ一つ覚えていこう。

人体に関する慣用句

(1) **顔《かお》がきく**…信用があって、何かと無理を通せる。

(2) **鼻《はな》であしらう**…相手を冷たい態度で見下して、いい加減に扱《あつか》う。

(3) **目《め》から鼻《はな》へ抜《ぬ》ける**…判断が素早《すばや》く、非常に賢《かしこ》い。

(4) **揚《あ》げ足《あし》を取《と》る**…言葉尻《じり》などをとらえて、からかったりする。

(5) **手《て》を焼《や》く**…持て余したり、てこずったりする。

(6) **歯《は》に衣《きぬ》を着《き》せない**…遠慮《えんりょ》せずに、思っていることを率直《そっちょく》に言う。

(7) **耳《みみ》が痛《いた》い**…自分の弱点を言われて、聞くのがつらい。

(8) **舌《した》を巻《ま》く**…すばらしさに感心したり、非常に驚《おどろ》いたりする。

(9) **腹《はら》を割《わ》る**…隠《かく》さずに本心を打ち明ける。

その他の慣用句

(1) **水《みず》を差《さ》す**…うまくいっている状態や関係の邪魔《じゃま》をする。

(2) **すずめの涙《なみだ》**…非常に僅《わず》かなこと。

参考 慣用句は、動植物や衣食住に関係したものが多い。

(3) **鶴《つる》の一声《ひとこえ》**…多くの人の意見を押《お》さえつける実力者の一言。

(4) **青菜《あおな》に塩《しお》**…すっかり元気がなくなること。

(5) **板《いた》に付《つ》く**…仕事や役柄《やくがら》がその人にぴったり合う。

(6) **釘《くぎ》を刺《さ》す**…あとで問題が起きないように強く言い渡《わた》しておく。

(7) **高《たか》をくくる**…たいしたことはないと軽く見る。

(8) **取《と》り付《つ》く島《しま》もない**…相手の態度が冷たく、話しかけるきっかけもない。

(9) **左《ひだり》うちわ**…仕事をしなくても、楽に暮らせること。

入試に出る

実戦問題

☑ ① 次の□に合う言葉を入れて、【　】内の意味の慣用句を完成させなさい。

(1) □をのむ【はっとする】　［息《いき》］

(2) □が広い【知り合いが多い】　［顔《かお》］

(3) 猫《ねこ》の□【とても狭《せま》い場所】　［額《ひたい》］

(4) □寝入《ねい》り【寝たふりをする】　［たぬき］

☑ ② 次の慣用句と似た意味の慣用句になるように、［　］に合う言葉を答えなさい。

(1) 馬脚《ばきゃく》を現《あらわ》す＝［尻尾《しっぽ》］を出《だ》す

(2) 手《て》を切《き》る＝［足《あし》］を洗《あら》う

(3) 肝《きも》を潰《つぶ》す＝肝《きも》を［冷《ひ》やす］

(4) 釘《くぎ》を刺《さ》す＝念《ねん》を［押《お》す］

23

【漢字・語句】
よく出る類義語・対義語

入試ナビ

ある語の類義語や対義語を答えたり選んだりする問題が多い。

★★★★

類義語

(1) 基礎《きそ》＝基本　(2) 永久＝永遠　(3) 効用＝効果

(4) 案外＝意外　(5) 固有＝特有　(6) 自然＝天然

(7) 改良＝改善　(8) 滋養《じよう》＝栄養　(9) 将来＝未来

(10) 倹約《けんやく》＝節約　(11) 志望＝希望　(12) 予想＝予測

(13) 欠点＝短所　(14) 関心＝興味　(15) 突然《とつぜん》＝不意

(16) 欠乏《けつぼう》＝不足　(17) 敬服＝感心　(18) 安全＝無事

(19) 手段＝方法　(20) 普遍《ふへん》＝一般《いっぱん》　(21) 消息＝音信

(22) 日常＝普段《ふだん》　(23) 我慢《がまん》＝忍耐《にんたい》　(24) 屈指《くっし》＝有数

参考　(1)〜(12)は一字が共通、(13)〜(24)は二字とも違《ちが》うもの。

対義語

(1) 消極↔積極　(2) 相対↔絶対　(3) 偶然《ぐうぜん》↔必然

(4) 主観↔客観　(5) 進化↔退化　(6) 能動↔受動

ここでは代表的な組み合わせのものを挙げているけど、複数の類義語・対義語をもつ言葉が多いよ。

(7) 拡大↔縮小
(8) 単純↔複雑
(9) 困難↔容易
(10) 上昇《じょうしょう》↔下降
(11) 延長↔短縮
(12) 解散↔集合
(13) 創造↔模倣《もほう》
(14) 需要《じゅよう》↔供給
(15) 原因↔結果
(16) 具体↔抽象《ちゅうしょう》
(17) 一般↔特殊《とくしゅ》
(18) 浪費《ろうひ》↔節約
(19) 有利↔不利
(20) 既知《きち》↔未知
(21) 有限↔無限
(22) 清潔↔不潔
(23) 平凡《へいぼん》↔非凡
(24) 成熟↔未熟

参考 (1)〜(6)は一字が対立、(7)〜(12)は二字がそれぞれ対立、(13)〜(18)は全体で対立、(19)〜(24)は否定の接頭語が付いたもの。

入試に出る 実戦問題

① 次の四つの言葉のうち、類義語でないのはどれか。記号で答えなさい。

(1) ア 賛成　イ 同意　ウ 同時　エ 合意　[ウ]

(2) ア 判然　イ 憤然《ふんぜん》　ウ 歴然　エ 明白　[イ]

② 次の言葉の対義語になるように、[ ]に合う漢字を答えなさい。

(1) 全体↔[部]分

(2) 開放↔[閉《へい》]鎖《さ》

(3) 加害↔[被《ひ》]害《がい》

(4) 利益↔[損]害

24 【漢字・語句】よく出る同音異義語・同訓異字

入試ナビ

同音異義語・同訓異字は、記号選択《せんたく》で問われることが多い。

★★★★★

同音異義語

(1) ソウゾウ
- 未来の様子を**想像**する。
- 天地**創造**の物語を読む。

(2) カイホウ
- 校庭を**開放**する。
- 悩《なや》みから**解放**される。

(3) イギ
- **意義**のある仕事を行う。
- 決定事項《じこう》に**異議**を唱える。

(4) コウセイ
- 家族**構成**を説明する。
- 会社の福利**厚生**施設《しせつ》。
- 文化を**後世**に伝える。

(5) タイショウ
- 両者を比較《ひかく》**対照**する。
- 中学生**対象**の参考書。
- 左右**対称**な図形。

(6) ソウギョウ
- 工場の**操業**時間を延ばす。
- **創業**百周年の和菓子《わがし》店。

(7) コジン
- **個人**経営の美容院。
- **故人**をしのんで語り合う。
- 昔の文献《ぶんけん》に見る**古人**の教え。

(8) カンシン
- 誠実な態度に**感心**する。
- 政治に**関心**を抱《いだ》く。
- **寒心**に堪《た》えない事件が続く。

注意 (7)「故人」は「死んだ人」、「古人」は「昔の人」、(8)「寒心」は「ぞっとすること」の意味。

同訓異字

(1) ソナ(える)
- 仏壇《ぶつだん》に花を供える。
- 日頃《ひごろ》から災害に備える。

(2) イタ(む)
- 暑さで食べ物が傷む。
- 寒さで古傷が痛む。

(3) オ(う)
- 刑事《けいじ》が犯人を追う。
- 社長が責任を負う。

(4) アヤマ(る)
- 知人に心から謝る。
- 状況《じょうきょう》判断を誤る。

(5) ツト(める)
- 図書委員を務める。
- 市役所に勤める。
- サービスの改善に努める。

(6) アラワ(す)
- 感動を顔に表す。
- 敵が正体を現す。
- 教授が郷土史を著す。

入試に出る 実戦問題

①次の文の――線部の言葉を、同音異義語に気をつけて漢字に直して答えなさい。

(1) カイシンの笑みを浮《う》かべる。 〔会心〕
(2) 商品生産のカテイを調べる。 〔過程〕
(3) フジュンな動機で応募《おうぼ》する。 〔不純〕
(4) 人事イドウが行われる。 〔異動〕

②次の文の――線部の言葉を、同訓異字に気をつけて漢字と送り仮名《がな》に直して答えなさい。

(1) この問題集はヤサシイ。 〔易しい〕
(2) 手術が無事にスム。 〔済む〕
(3) 起業して成功をオサメル。 〔収める〕
(4) アツイ本を一日で読む。 〔厚い〕

25 敬語【漢字・語句】

入試ナビ

表現の問題で、普通《ふつう》の文を、敬語を使った文に書き換《か》える問題が出題されることが多い。

★★★★★

尊敬語

◎**動作をする人**の動作を敬って言うことで、その人への敬意を表す表現。

(1) **特別な動詞**を用いる表現…例 **おっしゃる**（言う）・**いらっしゃる**（行く・来る・いる）・**ご覧になる**（見る）・**召《め》し上がる**（食べる・飲む）

(2) 「**お(ご)～になる(なさる)**」を用いる表現…例 **お考えになる**（考える）・**ご出発になる**（出発する）・ご出席**なさる**（出席する）

(3) **尊敬の意味の助動詞「れる・られる」**を用いる表現…例 読ま**れる**（読む）

謙譲《けんじょう》語

◎自分や自分の身内の動作をへりくだって言うことで、**動作の受け手**への敬意を表す表現。

(1) **特別な動詞**を用いる表現…例 **申す**／**申し上げる**（言う・話す）・**参る**／**伺《うかが》う**（行く・来る）・**拝見する**（見る）・**いただく**／**頂戴《ちょうだい》する**（食べる・飲む・もらう）

(2) 「**お(ご)～する(いたす)**」を用いる表現…例 **お**渡《わた》し**する**（渡す）・**ご**相談**する**（相談する）・**ご**連絡《れんらく》**いたし**ます（連絡する）

参考 「**ご**両親・山田《やまだ》**様**」（尊敬語）、「**弊**《へい》社《しゃ》・私**ども**」（謙譲語）など、接頭語・接尾《せつび》語を用いた尊敬語・謙譲語もある。

丁寧《ていねい》語

参考 「**お**茶」「**ご**飯」など、接頭語を用いた丁寧語（美化語）もある。

◎**話の聞き手**への敬意を表す表現。

(1)**丁寧の意味の助動詞「です・ます」**を用いる表現…例 学生**です**（学生だ）・散歩し**ます**（散歩する）

(2)**「ございます」**を用いる表現…例 責任者で**ございます**（責任者だ）

入試に出る 実戦問題

①次の文の――線部の敬語と同じ種類のものはどれか。記号で答えなさい。

●見事な花束を頂戴する。

ア なさる　イ 存じ上げる
ウ ご覧になる　エ くださる

［ イ ］

②次の文の中で、敬語の使い方として適切なものはどれか。記号で答えなさい。

ア 先生は私たちに丁寧にご説明しました。
イ これから、展示物を先生が拝見します。
ウ 初めて先生にお目にかかります。
エ 先生に弟をご紹介《しょうかい》なさいます。

［ ウ ］

26 【古典】歴史的仮名遣い

入試ナビ

歴史的仮名遣いは、実際に記述式で現代仮名遣いに直させる問題が多い。

★★★★★

歴史的仮名遣《かなづか》いとは

◎現在使われている現代仮名遣いに対して、古文で使われている仮名遣いのこと。平安《へいあん》時代中頃《なかごろ》までの表記を基準としている。

歴史的仮名遣いの読み方の原則

(1) 語頭以外の「は・ひ・ふ・へ・ほ」→「わ・い・う・え・お」と読む。

例 おはす→おわす　とひ(問ひ)→とい　いふ(言ふ)→いう

かへす(返す)→かえす　おほし(多し)→おおし

(2) 「ゐ・ゑ・を」→「い・え・お」と読む。

例 ゐる→いる　こゑ→こえ　をとこ→おとこ

参考 「ゐ」「ゑ」は、現代にはない仮名遣いである。

(3) 「ぢ・づ」→「じ・ず」と読む。

例 なんぢ→なんじ　めづらし→めずらし

(4) 「くわ・ぐわ」→「か・が」と読む。

例　くわし(菓子《かし》)→かし　ぐわんじつ(元日)→がんじつ

(5) 語中の「au・iu・eu・ou」→「ô・yû・yô・ô」と読む。

例　まうす《mau》(申す)→もうす《mô》　ちうや《tiu》(昼夜)→ちゅうや《tyû》
れうり《reu》(料理)→りょうり《ryô》　おうず《ou》(応ず)→おうず《ô》

(6) エ段の音のあとに「ふ」が続くときは、
①「ふ」を「う」にする。→②「eu」を「yô」にする。

例　てふ→てう《teu》→ちょう《tyô》　けふ→けう《keu》→きょう《kyô》

これらの原則はまとめて覚えておくと、古文を読むのが楽になるよ。

入試に出る
実戦問題

①次の——線部を現代仮名遣いに改めて、全て平仮名で答えなさい。

(1) いづれの山か、天に近き　[いずれ]
(2) いかなるゆゑか侍《はべ》りけん　[ゆえ]
(3) 心苦しうこそ思ふ　[こころぐるしゅう]
(4) ひとときはしみじみと見ゆる　[ひとときわ]

②次の言葉を現代仮名遣いで書くと、どれが正しいか。記号で答えなさい。

(1) くわし(菓子)
ア かし　イ かい　ウ くわい　[ア]
(2) せうと(兄人)
ア しうと　イ しょうと　ウ しやうと　[イ]

27 【古典】係り結び

入試ナビ

係りの助詞や結びの語を答えたり、係りの助詞の意味を問われたりすることが多い。

★★★★★

係り結びとは

◎文中に**係りの助詞**「**ぞ・なむ・や・か・こそ**」があるとき、**文末を終止形以外**の活用形で結ぶこと。書き手や登場人物の感動を**強調**するときや、**疑問・反語**を表すときに使う。「係り結びの法則」ともいう。

参考 反語とは、強調するときの表現法の一つ。はっきりとした結論がありながら、疑問の形をとった表現のこと。「〜だろうか。いや、〜ではない。」という意味を表す。

係り結びの形

(1) 「ぞ」「なむ」→文末を**連体形**で結ぶ。…**強調**を表す。

例 空へ**ぞ**上がり**ける**。（訳 空へと上がっていった。）

もと光る竹**なむ**一筋あり**ける**。（訳 根元が光る竹が一本あった。）

注意 強調の意味は、あえて現代語訳には入れなくてよい。特に、「なむ」は、「ぞ」「こそ」よりも強調の度合いがやや弱いため、現代語訳に反映させなくてよい。

(2)「や」「か」→文末を連体形で結ぶ。…疑問・反語を表す。

例 いづれの山か、天に近き。(訳 どの山が、天に近いか。)…疑問

彼《かれ》に劣《おと》るところやある。(訳 彼に劣るところがあるだろうか。いや、ない。)…反語

(3)「こそ」→文末を已然《いぜん》形で結ぶ。…強調を表す。

例 尊くこそおはしけれ。(訳 尊くいらっしゃいました。)

参考 已然形とは、「すでにそうなっている」ことを表す、古文特有の活用形である。

「已然形の」「已」は、「己」や「巳」と間違《まちが》えやすいので注意しよう。

入試に出る 実戦問題

☑① 次の文には、係り結びが使われている。それぞれ、係りの助詞を抜《ぬ》き出して答えなさい。

(1) さぬきのみやつことなむいひける。 [なむ]

(2) いづれかよまざりける。 [か]

(3) 秋こそまされ。 [こそ]

☑② 次の文の――線部の係りの助詞に対して、□に入る結びの語はどれか。記号で答えなさい。

● 谷の底の木の葉の多く落ち積もれる上に落ち懸《か》かりてなむ臥《ふ》したり□。

ア けら　イ けり

ウ ける　エ けれ

[ウ]

28 【古典】古語の意味・敬語

入試ナビ

古語の意味がわからない場合、前後の文脈から意味を判断するようにする。

★★★★★

古語の意味

(1) 古文にしかない言葉

例 いと（非常に・たいそう）　いみじ（程度がはなはだしい）

げに（本当に・全く）　つきづきし（ふさわしい・似つかわしい）

(2) 現代語と意味が異なる言葉

例 ありがたし（めったにない・難しい）　いたづらなり（暇《ひま》だ・むなしい）

大人し（大人びている・分別がある）　やがて（すぐに・そのまま）

(3) 現代語の意味と、現代語にはない意味の両方をもつ言葉

例 あはれなり（現かわいそうだ・みじめだ　古しみじみした趣《おもむき》がある）

おどろく（現びっくりする　古目を覚ます・はっと気づく）

敬語

◎現代語の文法と同じように、尊敬語・謙譲《けんじょう》語・丁寧《ていねい》語がある。古文には多くの敬語が出てくる。それを正しくとらえることで、**登場人物の関係（身分の違《ちが》い）**や、**行動の**

動作主を理解する助けとなる。よく使われる敬語には、次のようなものがある。

(1) 尊敬語 例 おはす（いらっしゃる） ～たまふ（お～なさる）

(2) 謙譲語 例 申す（申し上げる） たてまつる（差し上げる）

(3) 丁寧語 例 ～はべり（～ます） ～さぶらふ・さうらふ（～ます）

参考 昔は厳しい身分制度があり、相手と自分の関係によって敬語を細かく使い分ける必要があったため、古文には、現代語と比べてはるかに多くの敬語がある。

入試に出る 実戦問題

① 次の文の——線部の意味として正しいものはどれか。記号で答えなさい。

● いとうつくしき児《ちご》さへいできにければ…。
（『堤中《つつみちゅう》納《な》言《ごん》物語《ものがたり》』より）

ア きれいな　**イ** いやしい
ウ かわいらしい　**エ** 小さい　［ ウ ］

② 次の——線部の敬語の種類を記号で答えなさい。

(1) のたまひしに違《たが》はましかばと…。［ ア ］

(2) 年ごろ思ひつること果たしはべりぬ。［ ウ ］

(3) 宮中にまゐる。［ イ ］

ア 尊敬語　**イ** 謙譲語　**ウ** 丁寧語

29 【古典】動作主・会話文

入試ナビ

動作主は記号選択《せんたく》、会話文はその部分を指摘《してき》する形で問われることが多い。

★★★★☆

動作主の見つけ方

(1) **登場人物を書き出す**…文章中にどんな登場人物がいるか、文章を読みながらメモしておく。

(2) **「誰《だれ》が・何を・どうした」などの文脈をとらえる**…古文では**主語や述語、助詞が省略されている**ことも多いので、何が省略されているのかをおさえながら読む。

参考 敬語が使われている文なら、誰に対する敬語かに注目することが、動作主を把握《はあく》するヒントになる。

会話文のとらえ方

◎**「と」「とて」「など」に注目する**…会話文のあとには「と」「とて」「など」がある場合が多い。また、「言ふ」「申す」「問ふ」などの動詞が続いている場合もある。

例 下男《げなん》目を覚まし、「何程がの」**といふ**。（『日本永代蔵《にっぽんえいたいぐら》』より）

子ども笑へば、「さはれ植ゑてみん」**とて**…。（『宇治拾遺物語《うじしゅういものがたり》』より）

実際に古文を読んで、練習してみよう。

入試に出る

実戦問題

☑ ①次の文章中の――線部の動作をしている人物（もの）は誰（何）か。あとから選び、それぞれ記号で答えなさい。

今は昔、親に孝《けう》する者ありけり。朝夕《あさゆふ》に木をこりて、A親を養ふ。孝養《けうやう》の心、空に知られぬ。梶《かぢ》もなき舟《ふね》に乗りて、むかひの島に行くに、朝には、南の風吹《ふ》きて、北の島に吹きつけつ。B夕には、また舟に木をこり入れてゐたれば、C北の風吹きて、家に吹きつけつ。Dかくのごとくするほどに、年ごろになりて、おほやけにきこしめして、大臣になして、召《め》し使はる。Eその名を鄭大尉《ていたいゐ》とぞいひける。

（「宇治拾遺物語」より）

A［ア］　B［イ］　C［ア］
D［ウ］　E［エ］

ア　親に孝する者
イ　南の風
ウ　北の風
エ　おほやけ

☑ ②次の文章中から、――線部A・Bの人の会話文を探し、それぞれ初めと終わりの三字を答えなさい。

当代、法度《はつと》なき（禁止されていない）とて、物ごとに心をつくる人A（気が回る人）の申されしは、竹の子を根引《ねびき》にしてたくさんにもてあつかふ事、惜《を》しき事ぞや。三年目には、見事の竹になるにと申されければ、みなみな聞きて、これは仰《おほせ》のごとく惜しきことぞやといはれける。又《また》そばなる人Bのいふ、そうじて松茸《まつたけ》なども、むさと食《た》ぶるはいらざる事ぞや。二、三年おいたらば、大木にならふものをと申された。

A［当代、～なるに］　B［そうじ～ものを］

解説

①動作主、つまり主語は、必ずしも人とは限らないということをおさえる。主語はたいてい、その動作の直前に書かれているが、古文の場合、Cのように一度出てきた主語は省略されている場合があるので、その場合は前にさかのぼって探す。

②A「…と申されければ、」、B「…と申された。」のように、会話文の終わりは「と」で受けることが多い。

古典

30 【古典】心情・主題

入試ナビ

心情は記号選択《せんたく》、主題はその部分を指摘《してき》したり空欄補充《くうらんほじゅう》の形で答えたりする問題が多い。

★★★★★

心情のとらえ方

(1) **直接的な表現に注目する**…会話文など、登場人物や作者の心情を**直接表した表現**からとらえる。

(2) **行動や情景描写《びょうしゃ》に注目する**…登場人物や作者の**行動や情景描写**に、それとなく心情が表されていることもある。

主題のとらえ方

◎**心情を表す言葉や文章の末尾《まつび》に注目する**…その作品の主題となる作者の考えは、物語では登場人物の心情を表す言葉に表れていることがある。また、随筆《ずいひつ》や説話では、筆者の考えは文章の末尾にまとめられていることがある。

参考　心情や主題のとらえ方は、現代文の文章読解と同じである。

入試に出る 実戦問題

① 次の文章では、筆者の心情はどのように変化しているか。合うほうを記号で答えなさい。

② 次の文章から、主題となる内容がまとめられている二文を探し、初めと終わりの三字を答えなさい。

神無月のころ、栗栖野《くるすの》といふ所を過ぎて、ある山里にたづね入ることはべりしに、はるかなる苔《こけ》の細道を踏《ふ》み分けて、心細く住みなしたる《ものさびしい様子で住んでいる》いほりあり。木の葉にうづもるるかけひのしづくならでは、つゆ《少しも》おとなふものなし《音を出すものがなかった》。閼伽棚《あかだな》に菊《きく》・紅葉《もみぢ》など折り散らしたる、さすがに住む人のあればなるべし。

かくてもあられけるよ《このようにしても住んでいられるものだ》、とあはれに見るほどに《しみじみと見ているうちに》、かなたの庭に、大きなる柑子《かうじ》《みかん》の木の、枝もたわわになりたるがまはりをきびしく囲ひたりしこそ、少しことさめて《興ざめして》、この木なからましかば《なかったならば（よかったのに）》、と覚えしか。

（「徒然草《つれづれぐさ》」第十一段より）

ア 最初は山里で見かけた庵《いおり》の様子にあきれていたが、実をならせたみかんの木を丁寧《ていねい》に保護している様子を見て感心した。

イ 最初は、山里で見かけた庵の様子に感心していたが、みかんの木を厳重に囲んで実をとられないようにしているのを見て幻滅《げんめつ》した。

［ イ ］

（句読点も一字に含《ふく》める。）

今はむかし、ここかしこの中間《ちゅうげん》・小者《こもの》《あちこちの身分のあまり高くない使用人が》あまた一所に集まりて、をのれをのれ《それぞれ》が主君のあしき事どもを、たがひに語り出《い》だしてそしる《非難する》。その家の小者、わが主君のあしき事を語り出さん《語り出そう》と思ひて、「これの御《お》屋形《やかた》ほどなは《私のご主人ほどの者は》どこにもあるまい。もはや人ではない。」まるで鬼《をに》ぢや、といはんとして、うしろ方《かた》を見ければ、御屋形殿《どの》うしろに立ちておはしけるを見つけて、「人ではない」といひ直して、「仏ぢや。」と語りし。まことにをかしき事ながら《本当におもしろい話だが》、人の後言《かげごと》をばすべていふまじき《決して言ってはいけない》事なり。孟子《まうし》のいはく、「人の不善をいはば《よくない点を言うならば》、まさに後のうれへをいかがすべき《その後の災難をどうすることもできない》。」といへり。

（「浮世物語《うきよものがたり》」より）

［ まこと〜へり。 ］

解説

① 最初は「あはれに」見ていたが、みかんの木の様子に「少しことさめて、…」と思ったことが述べられている。「あはれ」「ことさめて」「なからましかば」など直接的な表現で、筆者の心情の変化が書かれている。

② 最後の二文に、人の悪口は言ってはいけないという内容が書かれている。それより前は具体的な話の部分。

31 【古典】漢文・漢詩

入試ナビ

漢文・漢詩では、返り点を付けたり書き下し文に書き改めたりできるようにしておく。

★★★★★

漢文の読み方

(1) **訓読《くんどく》とは**…漢文を日本語の文法にしたがって、**日本語の文章のように読む**こと。訓読するために入れる符号《ふごう》を**訓点**という。訓点には、**送り仮名《がな》・返り点・句読点**がある。

参考 漢字だけで書かれたもとの漢文を「白文《はくぶん》」、訓点を付けたものを「訓読文」、訓読文を訓点にしたがって漢字仮名交じり文に書き直したものを「書き下し文」という。

(2) **送り仮名とは**…漢文を訓読するときに、**漢字の右下に付ける片仮名**のこと。日本語の**助詞・助動詞・用言の活用語尾《ごび》**などを、**歴史的仮名遣《づか》い**で入れる。

例 対《こた》ヘテ日《い》ハク(対へて曰はく)

(3) **返り点とは**…漢文を読む**順番を表す**ための符号。漢字の**左下**に付ける。

● **レ点《れ》**……**下の一字から、すぐ上の一字**に返る。 例 読ム㆑書ヲ。(書を読む。)

● **一《いち》・二点《に》**…**下の字から、二字以上隔《へだ》てた上の字**に返る。 例 与《あた》フ㆓我ニ書ヲ㆒。(我に書を与ふ。)

● **上《じょう》・下点《げ》**…**間に一・二点を挟《はさ》み**、さらに上に返る。 例 有リ㆘朋《とも》自《より》㆓遠方㆒来タル㆖。(朋遠方より来たる有り。)

漢詩の形式

(1) **絶句《ぜっく》…四つの句**（行）から成る詩。一句が**五字**の**五言《ごごん》絶句**と、一句が**七字**の**七言《しちごん》絶句**がある。全体が**起句《きく》―承句《しょうく》―転句《てんく》―結句《けっく》**という構成。

(2) **律詩《りっし》…八つの句**（行）から成る詩。一句が**五字**の**五言律詩**と、一句が**七字**の**七言律詩**がある。二句でひとまとまりの一聯《いちれん》を作り、全体が**首聯《しゅれん》―頷聯《がんれん》―頸聯《けいれん》―尾聯《びれん》**という構成。**絶句の起承転結に当たり、**同じ役割をもつ。

参考 漢詩にも、日本語の詩と同様、対句《ついく》や押韻《おういん》などの表現技法がある。

入試に出る **実戦問題**

① 次の漢文を返り点に注意して読み、書き下し文に直して答えなさい。

(1) 聞《キテ》レ一《ヲ》以《もつテ》知《ル》レ十《ヲ》。

［一を聞きて以て十を知る。］

(2) 五十而《ニシテ》知《ル》二天命《ヲ》一。

［五十にして天命を知る。］

② 次の王翰《おうかん》の書いた漢詩の形式を、漢字四字で答えなさい。

葡萄《ぶだうノ》美酒夜光《ノ》杯《はい》
欲《ほつスレバ》レ飲《マント》琵《び》琶《は》馬上《ニ》催《うながス》
酔《ゑヒテ》臥《ふストモ》二沙《さ》場《ぢやうニ》一君莫《なカレ》レ笑《フコト》
古来征《せい》戦《せん》幾《いく》人《にんカ》回《かへル》

［七言絶句］

32

【文学史】

文学史①三大和歌集

入試ナビ

古文の読解問題では、作品の背景として文学史を問われることがあるので注意。

★★★★★

万葉集《まんようしゅう》

(1) 成立…奈良《なら》時代後期。現存する最古の歌集。

参考 「万葉仮名《がな》」とよばれる漢字表記で書かれている。

(2) 編者…詳細《しょうさい》は不明。大伴家持《おおとものやかもち》が深く関係していたとされる。

(3) 代表歌人…天智《てんじ》天皇・額田王《ぬかたのおおきみ》・天武《てんむ》天皇・持統《じとう》天皇・柿本人麻呂《かきのもとのひとまろ》・山上憶良《やまのうえのおくら》・山部赤人《やまべのあかひと》・大《おお》伴旅人《ともたびと》・大伴家持

(4) 構成と歌体・歌風…20巻・約4500首。長歌・短歌・旋頭歌《せどうか》・仏足石歌《ぶっそくせきか》。五七調が多く、力強い。歌風は「ますらをぶり」とよばれる。

古今和歌集《こきんわかしゅう》

(1) 成立…平安《へいあん》時代前期。最初の勅撰《ちょくせん》和歌集。醍醐《だいご》天皇の命令でつくられた。

(2) 撰者《せんじゃ》…紀友則《きのとものり》・紀貫之《きのつらゆき》・凡河内躬恒《おおしこうちのみつね》・壬生忠岑《みぶのただみね》

(3) 代表歌人…撰者の他、六歌仙《ろっかせん》とよばれる僧正遍昭《そうじょうへんじょう》・在原業平《ありわらのなりひら》・文屋康秀《ふんやのやすひで》・喜撰法師《きせんほうし》・小野小町《おののこまち》・大伴黒主《おおとものくろぬし》など。

(4) 構成と歌体・歌風…20巻・約1100首。ほとんどが短歌。七五調が多く、優美で繊細《せんさい》。歌風は「たをやめぶり」とよばれる。

新古今和歌集《しんこきんわかしゅう》

(1) 成立…鎌倉《かまくら》時代前期。八番目の勅撰和歌集。後鳥羽《ごとば》院の命令でつくられた。

(2) 撰者…藤原定家《ふじわらのさだいえ》・藤原有家《ふじわらのありいえ》・藤原家隆《ふじわらのいえたか》・藤原雅経《ふじわらのまさつね》・源通具《みなもとのみちとも》・寂蓮《じゃくれん》法師

(3) 代表歌人…撰者の他、西行《さいぎょう》法師・慈円《じえん》・藤原良経《ふじわらのよしつね》・藤原俊成《ふじわらのとしなり》・式子内親王《しょくしないしんのう》・後鳥羽院・藤原俊成女《ふじわらのとしなりのむすめ》など。

(4) 構成と歌体・歌風…20巻・約2000首。全て短歌。七五調が多い。

参考 新古今和歌集の歌風は、感覚的・象徴《しょうちょう》的で、「余情」を尊び、「幽玄《ゆうげん》」の境地を重んじるもの。

入試に出る 実戦問題

① 次の説明に合う和歌集名を、それぞれ答えなさい。

(1) 現存する最古の歌集で、大伴家持が関わったとされる。
［ 万葉集 ］

(2) 八番目の勅撰和歌集で、代表歌人に藤原定家や西行法師がいる。
［ 新古今和歌集 ］

② 古今和歌集が成立した時代を答えなさい。
［ 平安時代 ］

③ 六歌仙には、在原業平・文屋康秀・喜撰法師・大伴黒主の他に、誰《だれ》がいるか。
［ 僧正遍昭 ］・［ 小野小町 ］

33

【文学史】

文学史②三大随筆・代表的な物語

入試ナビ

代表的な作品の冒頭《ぼうとう》の一文を覚えておくと、入試に役立つ。

★★☆☆☆

三大随筆《ずいひつ》

作品	筆者	成立年代	特色
枕草子《まくらのそうし》	清少納言《せいしょうなごん》	平安《へいあん》時代中期	「をかし」の文学
方丈記《ほうじょうき》	鴨長明《かものちょうめい》	鎌倉《かまくら》時代前期	この世の「無常」を説く
徒然草《つれづれぐさ》	兼好法師《けんこうほうし》（吉田《よしだ》兼好）	鎌倉時代後期	仏教的な「無常観」を描《えが》く

参考 「枕草子」では筆者の宮中での見聞や体験、自然などに対する感想、「方丈記」では筆者の体験した天災や社会の混乱と出家生活の安らかさ、「徒然草」では人生や社会、自然に対する考えを述べている。

代表的な物語

作品	筆者	成立年代	特色
竹取物語《たけとりものがたり》	不明	平安時代前期	現存する日本最古の物語・

			「物語の祖《おや》」
伊勢物語《いせものがたり》	不明	平安時代前期	和歌中心の初の「歌物語」
源氏物語《げんじものがたり》	紫式部《むらさきしきぶ》	平安時代中期	長編物語・「あはれ」の文学
平家物語《へいけものがたり》	不明（信濃前司行長《しなののぜんじゆきなが》ともいわれる）	鎌倉時代	軍記物語・琵琶《びわ》法師の弾《ひ》き語り

参考 『竹取物語』は「かぐや姫《ひめ》」の物語として広く知られている。『伊勢物語』は在原業平《ありわらのなりひら》と思われる男性を主人公とした短編集。『源氏物語』は主人公光源氏《ひかるげんじ》の数々の恋《こい》と華《はな》やかな生涯《しょうがい》を宮廷《きゅうてい》生活を中心に描いたもの。『平家物語』は源氏と平家の争いと、平家一門の栄華《えいが》と滅亡《めつぼう》を描いたもので、仏教の無常観が基調となっている。

入試に出る 実戦問題

☑ ① 次の文章は、ある随筆の一部である。それぞれの随筆名を答えなさい。

(1) つれづれなるままに、日暮らし、硯《すずり》に向かひて、……　［ 徒然草 ］

(2) 春はあけぼの。やうやう白くなりゆく山ぎは、少しあかりて……　［ 枕草子 ］

☑ ② 次の説明に合う物語名を、それぞれ答えなさい。

(1) 鎌倉時代に成立した軍記物語で、琵琶法師によって広められた。　［ 平家物語 ］

(2) 「物語の祖」とよばれており、現存する日本最古の物語。　［ 竹取物語 ］

(3) 平安時代前期の初の歌物語。　［ 伊勢物語 ］

34

［文学史］

文学史③三大俳人

入試ナビ

俳句の問題の中で、三大俳人について問われることがあるので注意。

★★★★★

松尾芭蕉《まつおばしょう》

(1)活躍《かつやく》した時代…江戸《えど》時代前期（元禄《げんろく》期）

(2)代表作品…『おくのほそ道《みち》』（紀行文）

(3)作風…ひっそりとしていて上品で風流な作風。「蕉風《しょうふう》」とよばれる。

(4)代表句…古池や蛙《かはづ》飛びこむ水のおと

参考

松尾芭蕉は、旅を通して自然の美を追究した。また、「わび・さび」とよばれる味わいを大切にした。『野《の》ざらし紀行《きこう》』『笈《おい》の小文《こぶみ》』なども有名。俳句は、室町《むろまち》時代に盛んになった滑稽《こっけい》味《み》を中心とする「俳諧《はいかい》の連歌《れんが》」の発句《ほっく》が、江戸時代に独立したもの。松尾芭蕉によって芸術性の豊かな「俳諧」に高められた。「俳句」とよばれるようになったのは明治《めいじ》時代。

与謝蕪村《よさぶそん》

(1)活躍した時代…江戸時代中期（天明《てんめい》期）

(2)代表作品…『新花摘《しんはなつみ》』（句文集）

(3)作風…情景が目に浮《う》かぶような絵画的な作風。

(4)代表句…菜の花や月は東に日は西に

参考 与謝蕪村は画家でもあったので、絵に表したような俳句を作ることが得意だった。

小林一茶《こばやしいっさ》

(1)活躍した時代…江戸時代後期（文化《ぶんか》・文政《ぶんせい》期）

(2)代表作品…『おらが春《はる》』（句文集）

(3)作風…日常生活の中から生まれた感情を素直《すなお》に詠《よ》んだ庶民《しょみん》的な作風。子どもや小動物など、弱者への共感を表現した句が多い。

(4)代表句…名月をとってくれろと泣く子かな

入試に出る

実戦問題

①次のうち、俳人・作品名・作風の組み合わせとして正しいものはどれか。記号で答えなさい。

ア 松尾芭蕉―方丈記《ほうじょうき》―蕉風

イ 与謝蕪村―新花摘―抽象《ちゅうしょう》的

ウ 小林一茶―おらが春―庶民的

［ ウ ］

②次の俳句は、どの俳人の代表句か。それぞれ名前を答えなさい。

(1) 菜の花や月は東に日は西に ［ 与謝蕪村 ］

(2) 古池や蛙飛びこむ水のおと ［ 松尾芭蕉 ］

(3) 名月をとってくれろと泣く子かな ［ 小林一茶 ］

35

【文学史】

文学史④近代の作家

入試ナビ

読解問題で、近代の代表的な作家や作品を問われることがあるのでしっかりおさえる。

★★☆☆☆

森鷗外《もりおうがい》

(1)作風…ロマン主義的作風から、後に客観的事実を描《えが》いた**歴史小説**により、権力批判を行う作風へと転じた。

(2)代表作…『**於母影**《おもかげ》』『**舞姫**《まいひめ》』『**青年**《せいねん》』『**雁**《がん》』『**山椒大夫**《さんしょうだゆう》』『**高瀬舟**《たかせぶね》』

夏目漱石《なつめそうせき》

(1)作風…**個人主義**を追求し、近代人の悩《なや》みを描いた。晩年、「**則天去私**《そくてんきょし》」の境地に達した国民的作家。

> 則天去私…自分だけの小さい悩みを捨てて自然の法則に身をまかせること。

(2)代表作…『**吾輩**《わがはい》**は猫**《ねこ》**である**』『**坊**《ぼ》**っちゃん**』『**草枕**《くさまくら》』『**それから**』『**こころ**』

参考 正岡子規《まさおかしき》とは学友であり、自らも多くの俳句を残したことでも知られている。

芥川龍之介《あくたがわりゅうのすけ》

(1)作風…**短編集**が多く、人間の心の奥《おく》に潜《ひそ》むものを鋭《するど》くとらえて描いた。『今昔物語集《こんじゃくものがたりしゅう》』などの**古典**から題材を得た作品も多い。

(2)代表作…『羅生門《らしょうもん》』『鼻《はな》』『芋粥《いもがゆ》』『地獄変《じごくへん》』『トロッコ』『河童《かっぱ》』

川端康成《かわばたやすなり》

(1)作風…日本の伝統美を優雅《ゆうが》な文体で叙情的《じょじょう》に表現した。ノーベル文学賞を受賞。

(2)代表作…『伊豆《いず》の踊子《おどりこ》』『禽獣《きんじゅう》』『雪国《ゆきぐに》』『千羽鶴《せんばづる》』『山《やま》の音《おと》』『古都《こと》』

太宰治《だざいおさむ》

(1)作風…絶望と虚無《きょむ》を根底として、道化《どうけ》の精神を貫《つらぬ》いて表現した。

(2)代表作…『富嶽百景《ふがくひゃっけい》』『走《はし》れメロス』『津軽《つがる》』『斜陽《しゃよう》』『人間失格《にんげんしっかく》』

入試に出る 実戦問題

①(1)森鷗外、(2)芥川龍之介の作品として、当てはまらないものはどれか。記号で答えなさい。

(1) ア 青年　イ 山椒大夫　ウ 草枕　エ 雁　［ウ］

(2) ア 河童　イ 千羽鶴　ウ 鼻　エ 羅生門　［イ］

②次の説明に合う作者名を、それぞれ答えなさい。

(1) 『伊豆の踊子』などの作品を残し、ノーベル文学賞を受賞した。　［川端康成］

(2) 森鷗外と同時代に活躍《かつやく》し、『草枕』などの作品を残した。　［夏目漱石］

36 【読解】論説文の読み取り①

入試ナビ

指示語は記述問題、接続語は選択《せんたく》問題や空欄《くうらん》補充《ほじゅう》で出題されやすい。

★★★★★

指示語

⑴ 直前の部分に注目する…「これ・それ」「この・その」などの指示語の指し示す内容は、多くは指示語よりも前にあるので、まず直前の部分から探す。

注意 指し示す内容が指示語よりかなり前にある場合や、あとにある場合もある。

⑵ 指示語の部分に当てはめて確認《かくにん》する…指示語の指し示す内容を見つけたら、指示語の部分にその内容を当てはめて、文意が通るかを確認する。

接続語

⑴ それぞれの接続語の意味をとらえる…①順接（例 だから）、②逆接（例 しかし）、③並《へい》立《りつ》・累加《るいか》（例 また）、④対比・選択《せんたく》（例 または）、⑤説明・補足（例 つまり）、⑥転《てん》換《かん》（例 さて）がある。

⑵ 接続語の前後の文の関係をとらえる…接続語の問題は、空欄補充で出ることが多いので、前後の文の関係を正確にとらえることが大切である。

入試に出る

実戦問題

次の文章を読んで、あとの問いに答えなさい。

依存《いぞん》を排《はい》して自立を急ぐ人は、自立ではなく孤《こ》立《りつ》になってしまう。

このあたりのことが未《ま》だあまりわからなかった頃《ころ》、私はヨーロッパに行き、ヨーロッパの人たちは日本人より自立的だから、親子の関係などは、日本よりはるかに薄《うす》いのだろう、などと勝手なことを考えていた。□、実際にスイスに行ってみると、親子が離《はな》れて暮らしている場合、電話で話し合ったり、贈物《おくりもの》をしたり、あるいは、時に会食したりする機会が日本人より、はるかに多いことに気づいて不思議に思ったことがある。これをよく観察して思ったことは、彼《かれ》らは自立しているからこそ、よくつき合っているのだ、ということであった。

（河合隼雄《かわいはやお》「こころの処方箋《しょほうせん》」〈新潮社〉より）

(1) □に入る接続語として適切なものはどれか。次から一つ選び、記号で答えなさい。

ア または　**イ** だから　**ウ** ところが　**エ** なぜなら　［ ウ ］

(2) ――線部「これ」の指し示す内容として合うのはどちらか。記号で答えなさい。

ア スイス人の親子関係

イ ヨーロッパ人の人間関係　［ ア ］

解説

(1) □の前後の内容に注目。前では、ヨーロッパの人たちの親子関係が薄いだろうと考えていたこと、あとでは、実際には違《ちが》っていたことが書かれているので、逆接の接続語が当てはまる。

(2) ここでは、――線部の前の文の内容全体を受けていることに注目。このように、文全体の内容を指し示すこともあるので、注意しよう。

37 【読解】論説文の読み取り②

入試ナビ

文脈に合った言葉や、意見・事実を答える場合、抜《ぬ》き出し問題が多い。

★★★★★

文脈に合った言葉の意味

(1) **文脈に沿ってとらえる**…まず**辞書的な意味**を当てはめて、言葉の意味を確かめる。

(2) **前後の話題をおさえる**…文章中での話題をおさえ、それに沿って**文脈に合った意味**を考える。

意見と事実の読み分け

◎論説文では、**筆者の意見**を説得力のある形で述べるため、**客観的な事実**が示されている。この意見と事実をきちんと区別して読むことが大切である。

(1) **筆者の意見を表した文**…「**〜と思う。**」「**〜ではないだろうか。**」「**〜しなければならない。**」など筆者の判断が文末に表れている場合。

(2) **客観的な事実を表した文**…**具体的な事例**を挙げたり、筆者の意見を表す文末以外の言い方で端的《たんてき》に言い切ったりしている場合。

参考 筆者の意見が書かれている文は、段落の初めや終わりにあることが多い。判断に迷う場合は、そこに着目してみるとよい。

☑次の文章を読んで、あとの問いに答えなさい。

人間は他の動物とちがって言葉という伝達の手段を持っている。言葉によって、たがいに意志を通じ合う。けれども、人間は言葉と同時に、いや、時として言葉以上に顔の表情で交信し合っているのである。「目は口ほどにものを言い」という諺《ことわざ》が日本にあるが、たしかに人びとは言葉以上に顔で語り合っているのだ。じっさい、顔の表情は□を越《こ》えた何かを正直にあらわす。

（森本哲郎《もりもとてつろう》「信仰《しんこう》のかたち」〈新潮社〉より）

(1) ――線部「交信し合っている」は、どういう意味か。文章中の言葉を使って十字で答えなさい。

意志を通じ合っている

(2) □に入る言葉を、文章中から抜《ぬ》き出して答えなさい。

［言葉］

(3) 〰〰線部の文は、筆者の意見を表したものか、それとも事実を表したものか、答えなさい。

［事実］を表したもの

解説

(1)「交信」とは辞書的には「通信し合うこと」の意味。この文章は、人間の意志の伝達の手段について述べられたものであることから考える。
(2)人間の意志の伝達の手段として、言葉と顔の表情が挙げられていることをおさえる。
(3)文末に注目。「〜持っている。」と言い切った表現であることから判断する。

38 【読解】論説文の読み取り③

入試ナビ

長文の読解問題では、各段落の要点が問われやすい。

★★★★★

形式段落と意味段落

◎**形式段落**とは、一字下げで始まったところから、次の一字下げの前までのまとまりのこと。**意味段落**とは、内容の上から形式段落をいくつかまとめたもののこと。

文章の構成

(1) **文章の構成の型**…**序論**（**問題提起**）→**本論**（**説明**）→**結論**（**まとめ**）が多い。結論の位置によって、文章の型はそれぞれ、**頭括型**《とうかつ》（結論が**最初**にくる）、**尾括型**《びかつがた》（結論が**最後**にくる）、**双括型**《そうかつ》（結論が**最初と最後**にくる）とよばれる。

(2) **文章の構成のとらえ方**…**形式段落の中心文（中心部分）**を見つけ、各段落ごとの要点をつかむ→**接続語**などに注目して**形式段落どうしの関係**をおさえ、**意味段落**をつかむ→**意味段落どうしの関係**をつかんで、文章全体の構成をとらえる。

参考　中心文（中心部分）とは、その段落で最も述べたいことを示した文で、段落の初めか終わりにあることが多い。

入試に出る
実戦問題

☑ 次の文章を読んで、あとの問いに答えなさい。

1本を読むことは、よいことだ。たとえ、それが住居の貧困《ひんこん》の反映であっても、個人が自由な想像力によって、それぞれの精神の個室をもつのはのぞましいことだ。じっさい、そもそも「個人」というのは、そういうふうにして成長してゆくものだからである。

2しかし、家庭のなかの書物というものを考えてみると、これはずいぶん、ふしぎな品物のような気がする。なぜなら、本は家庭の備品のひとつではありながら、結局のところ、個人にぞくするものであるからだ。家庭の本棚《ほんだな》にならんでいる何十冊、あるいは何百冊の本の背表紙は、家族のみんなが毎日ながめているのに、その中身は家族共有のものではないのである。その点で、家庭にある他のもろもろの備品と書物とは、性質がちがうのだ。

（加藤秀俊《かとうひでとし》「暮《くら》しの思想」〈中央公論新社〉より）

(1) 1段落の中心文はどれか。その一文の初めの五字を答えなさい。

本を読むこ

(2) 2段落の内容をまとめた次の文の□に当てはまる言葉を、文章中から抜《ぬ》き出して答えなさい。

家庭のなかの書物は、家庭の備品でありながら中身は家族共有のものではなく、個人にぞくしている。

解説

(1) 1段落では、最初の一文で、筆者の意見が端的《たんてき》に述べられていることに注目。

(2) 2段落では、最初の一文で「家庭のなかの書物」が「ふしぎな品物」だと感想が述べられている。その次の二文で、そう感じる根拠《こんきょ》を説明している。この、根拠として述べられた二文が、この段落の中心的な内容に当たることをとらえる。（「なぜなら～」が中心文で、「家庭の本棚～」がそれを補足的に説明した文。）

39 【読解】論説文の読み取り④

入試ナビ

理由・根拠《こんきょ》を答える問題は、選択《せんたく》と記述どちらの形でも問われる。

★★★★★

筆者の意見の理由・根拠《こんきょ》の示し方

(1) 先に意見もしくは事実を述べ、**あとに理由・根拠**（「（なぜなら）～から（ため）である」などの形）を出す。

(2) **先に理由・根拠**を示し、あとに意見もしくは**事実**（「だから・したがって～である」の形）を述べる。

参考 論説文では、筆者の意見もしくは事実には、必ず理由・根拠がある。理由・根拠は、意見もしくは事実を述べた文の前後や同じ段落内など、意見・事実の近くにあることが多い。

入試に出る 実戦問題

次の文章を読んで、あとの問いに答えなさい。

一方、純粋《じゅんすい》な草食動物はまったくべつのしくみを必要としている。骨などというもののない草や木があのように地上に立っていられるのは、細胞《さいぼう》とは著しくちがったものにした。

（日高敏隆《ひだかとしたか》「セミたちと温暖化」〈新潮社〉より）

(1) ――線部「動物の体とはまったくちがう」とあるが、植物の体のしくみはどうなっているか。

一個一個がしっかりした固い箱に収められているからだ。栄養になるタンパク質や脂肪《しぼう》は、すべてこの箱の中に入っている。自由に伸《の》び縮みする筋肉細胞で体を作り、それを骨で支えるという基本構造の上にできている動物の体とはまったくちがうのだ。いうなれば植物と動物は、生きものの多様性のもっとも根本的な両極端《りょうきょくたん》を示す存在なのである。植物を食べて生きていく草食動物は、この細胞壁《さいぼうへき》の固い箱をこわして、中の栄養素をとり出さねばならない。

　そのためには鋭《するど》く尖《とが》った歯ではなく、細胞の箱を擦《す》りつぶす平たい臼歯《きゅうし》が必要である。けれどそれでも十分ではない。丈夫《じょうぶ》な筋肉を備えた胃で細胞壁をしつこくこわさねばならない。そのための消化酵素《こうそ》も必要である。牛などのように胃で共生微生物《びせいぶつ》を「培養《ばいよう》」し、長時間かけて「反芻《はんすう》」したり発《はっ》酵《こう》させたりという大変な手数をかけて草の栄養分をとり出しているものも多い。大きな胃や長い腸が必要になり、それが草食動物の体型を肉食動物

それが具体的に説明された一文の初めの五字を答えなさい。

骨などとい

(2) ――線部「動物の体とはまったくちがう」とあるが、動物と植物の体を比べて端的に述べた部分を探し、文章中から二十五字で抜《ぬ》き出して答えなさい。

生きものの多様性のもっとも根本的な両極端を示す存在

解説

(1)「動物の体とはまったくちがう」植物の体のしくみについて説明された箇所《かしょ》は、前の二文にあることに注目。この二文のうち、一つ目の文で、「細胞一個一個がしっかりした固い箱に収められている」という植物の体のしくみが説明されている。二つ目の文ではそれを受けてさらにくわしい内容が述べられていることをおさえる。

(2) ――線部のあとの文の「いうなれば（＝言ってみれば）」に注目。これは、前の内容を踏《ふ》まえて「つまり・わかりやすく言うと」という意味の言葉なので、これに続く部分から答えを見つければよい。

40 【読解】論説文の読み取り⑤

入試ナビ

言い換《か》え部分を抜《ぬ》き出す問題は、具体例や表現の変化に注意する。

★★★★★

表現が言い換《か》えられた部分

◎**文章の内容をとらえ、それを言い換えている部分をおさえる**…筆者の意見や事実として述べられたものの中でも**特に重要なもの**については、**具体例を挙げたり、表現を変えたり**して、繰《く》り返し述べられることがある。筆者の意見や事実などが述べられた部分と**対応している部分**（文や語句）があったら、それが言い換え部分である可能性が高い。

参考　言い換え部分を探す問題では、問われた部分の周辺に答えがある場合は少ない。文章全体から該当《がいとう》部分を探すようにしよう。言い換えられた部分かどうかを判断するには、豊富な語彙《ごい》力も大切である。

入試に出る

実戦問題

次の文章を読んで、あとの問いに答えなさい。

1 日本人のだれかに「自然のカラーは何色か?」とたずねたとき、いったいどんな色を答えるであろ

よく耕された水田や畑に、いろいろな作物がそだっているのをみかける。それはけっして、天然のままの風景ではない。農民によって、長年にわた

うか。げんにわたしは、よく学生に質問してみるのだが、つねにいちばん多い答は、緑である。緑についで、つぎに多いのが青である。このことはなにを意味しているだろうか。自然界をいろどる緑とはなにか。それは、植物の葉の色のことである。青というのは、ひとつは空の晴れた色、同時に澄《す》んだ水の色でもある。つまり日本人が、「自然の色は？」と聞かれて、まっさきに緑を思いうかべるのは、日本の山野に、いかに植物が多いかのあらわれである。

[2]いまでも日本人のあいだには、〝自然〟ということばを〝植物のあること〟の同義語として考える無意識の習慣さえあるように感じられる。

[3]近ごろ話題の「自然の保護」にしても、たいていの場合に植物の保護をさしており、自然を破壊《はかい》するということは、ほかならぬ植物の群落をだめにすることをいっている場合が多いのではないだろうか。

[4]また、都会ぐらしのわたしたちが農村にゆくと、ってつくりだされた人工的風景にほかならないはずである。それにもかかわらず、わたしたちは、それをながめて、のどかな自然の美しさを満喫《まんきつ》したなどと称《しょう》している。

[5]つまり、緑さえあれば、なんでも自然だと思いこんでしまう先入見が、日本人にはねづよいのであって、ことばをかえればそれだけ日本の風土と植物とのえにしは密接なわけである。

（筑波《つくば》常治《ひさはる》「米食・肉食の文明」〈日本放送出版協会〉より）

● ――線部「〝自然〟という……習慣」とあるが、これとほぼ同じ内容を述べている部分を、[4]・[5]段落から二十六字で探し、初めと終わりの三字を答えなさい。（句読点も一字に含《ふく》める。）

緑さえ〜先入見

解説

問題文の「[4]・[5]段落から」という条件に注意して探そう。[5]段落の冒頭《ぼうとう》に「つまり」とあることに注目。「つまり」は「言い換えると」の意味の接続詞であることからも判断できる。

41 【読解】小説の読み取り

入試ナビ

状況《じょうきょう》や心情を問う問題は、選択《せんたく》式であることが多い。

★★★★★

場面の状況《じょうきょう》

(1)出来事をとらえる…いつ・どこで・誰《だれ》が・何をしている場面なのかを意識しながら読む。

(2)場面の状況をとらえる…出来事が起きた場面で、登場人物がどんな立場にいるか、周囲はどんな状況なのかに注目する。

登場人物の心情

◎直接的に心情を表す言葉や行動・会話・表情、情景描写《びょうしゃ》などに注目して、心情をとらえる。

注意 なぜそのような心情になったかの原因・理由もあわせてとらえることが大切。また、心情が推移している場合には、その流れもおさえよう。

入試に出る 実戦問題

①次の文章を読んで、あとの問いに答えなさい。

瓦橋《かわらばし》あたりにくると、海からの風がすごくて傘《かさ》

②次の文章を読んで、あとの問いに答えなさい。

「機械に使われているのが面白《おもしろ》くない?」

もさせない。逆向きになったぼくの傘を見て、マサヨシは「ハッタケ傘だ、ハッタケ傘だ」と言って喜んだ。松ケ枝《まつがえ》名物の松の木立が、「しゅー、しゅー」と大声で歌っていた。

濡《ぬ》れたシャツとズボンを風呂場《ふろば》に放り込《こ》み、手《て》拭《ぬぐ》いで体をふく。パンツまで濡れていたが、替《か》えが見つからないので体温で乾《かわ》かすことにした。（中略）

窓から外をのぞくと、もう夕暮れのようだ。大きな松の木が、そろって一つ方向にお辞儀《じぎ》している。風が止まるとゆっくり体を起こす。起こしたかと思うと身をぶるぶる震《ふる》わせてまたお辞儀をする。

（芦原《あしはら》すなお「松ヶ枝町《まつがえちょう》サーガ」〈文芸春秋〉より）

●右の文章の場面は、何の様子を描《えが》いたものか。次から一つ選び、記号で答えなさい。

ア 海の様子。

イ 松の林の様子。

ウ 大型台風の様子。

［ ウ ］

「そうです。ですから、みんなが考えている織物に対する気持《きもち》がひとつも作られた物に反映されません」

「どういうことだ？」

清助《せいすけ》は座り直した。おみつとおたかの話が、意外と深い真実性を含《ふく》んでいるような気がしたからだ。これは人の話に対する予感だ。こういうところが、学者商人といわれたかれの特性でもあった。

（童門冬二《どうもんふゆじ》「学者商人と娘《むすめ》仕事人」『大江戸豪商伝《おおえどごうしょうでん》』〈徳間書店〉より）

●――線部の動作には、清助のどんな気持ちが表れているか。次から一つ選び、記号で答えなさい。

ア 生意気を言う二人に腹を立てる気持ち。

イ 二人の考えが理解できないことに困惑《こんわく》する気持ち。

ウ 二人の話を真剣《しんけん》に聞こうとする気持ち。

［ ウ ］

42 【読解】随筆の読み取り

入試ナビ

随筆では主題を問われることが多い。筆者の意見・感想の部分から主題を読み取る。

★★★★★

☑ 主題

(1) 事実が書かれている部分と、**筆者の思い**が書かれている部分を区別する。また、文章全体の**キーワード**をおさえる。

(2) **主題**とは、「作品を通じて筆者が最も伝えたいこと」である。主題は文章の終わりのほうの段落で総括《そうかつ》されていることが多い。

注意 論説文は、論理的な文章構成で、筆者の主張を述べるのに対して、随筆《ずいひつ》は、比較《ひかく》的**自由な形式**で書かれ、筆者の体験に基《もと》づいた**主観的**な思いが述べられることが多い。

入試に出る 実戦問題

☑ **次の文章を読んで、あとの問いに答えなさい。**

1 この四年、毎週土曜日のラジオで一人のゲストに一時間半、じっくりと話を聞くインタビュー番

ことばほどおいしいものはない」と。食いしん坊《ぼう》の私は、こうした心と身体《からだ》を満たしてくれることばなしには、生きる喜びもないとさえ感じる。

組をもっている。

2 これまでに出演していただいたゲストの年齢《ねんれい》は十代から八十代までと幅《はば》広く、有名無名を問わず、職業や経歴もさまざま。たっぷりとした時間と生放送のスタジオならではの緊張感《きんちょう》。ゲストと私とが真剣《しんけん》に向き合うとき、話は思いがけない展開を見せることがある。母親の話をしていて感極《きわ》まって声を詰《つ》まらせる人、話したあとで「そんなことを考えていたのか」と自分でビックリしている人……。つくづく思うのは「ことばは生き物だ」ということ。どんなに周到《しゅうとう》に準備して構成を考えても、けっしてそのとおりにはならないのである。そこが面白《おもしろ》い。

3 味覚と同じように、ことばに対する感受性も年とともに深まっていくようだ。いま、私にはこうした生き生きとした会話がおいしくてならない。互《たが》いに話し尽《つ》くし、聞き尽くしたと満足して話を終えるとき、最上の料理を食べ尽くしたときのような深い満足感に包まれる。そして思う。「ああ、

（山根基世《やまねもとよ》「『ことば』ほどおいしいものはない」〈講談社〉より）

(1) 事実のみを述べている段落は、どこか。段落の番号で答えなさい。　［ 1 ］

(2) この文章で、「会話やことば」に対する筆者の考え・気持ちが具体的に述べられているひと続きの二文はどこか。その初めと終わりの五字を答えなさい。（句読点や符号《ふごう》も一字に含《ふく》める。）

「ああ、こ ～ え感じる。

解説

(1) 2段落は、大半は事実（筆者の仕事場での具体的な体験談）だが、「つくづく……ということ。」「そこが面白い。」の部分が筆者の感想。3段落はたとえを挙げながら筆者の意見・感想を述べている。

(2) 3段落の最後の二文で、「ああ、～」「生きる喜びもないとさえ感じる」など強い表現を用いて述べられていることに注目。

43 詩【韻文】

入試ナビ

詩の読解問題では表現技法が必出なので、表現技法の基本をおさえる。

★★★★

比喩《ひゆ》

(1) 直喩《ちょくゆ》（明喩）…「〜ようだ」などを使ってたとえる。

例 まるで燃えているかのような夕日。

(2) 隠喩《いんゆ》（暗喩）…「〜ようだ」などを使わないで、暗示的にたとえる。

例 君は僕《ぼく》の太陽だ。

(3) 擬人法《ぎじんほう》…人でないものを人に見立ててたとえる。

例 風がささやく。

その他の表現技法

(1) 体言（名詞）止め…行末を体言（名詞）で止めて、印象を強める。

例 水際《みずぎわ》にたたずむ一羽の寂《さび》しげな鳥。

(2) 倒置《とうち》…語の順を普通《ふつう》とは逆にすることで、その部分を強調する。

例 走るのだ、後ろを振《ふ》り返らずに。

(3) 対句《ついく》…形の上からも内容の上からも対応する語句を並べることで、リズムを生む。

例 小鳥は楽しげにさえずり、子どもたちはにぎやかに歌う。

(4) 反復…同じ語句、または似た語句を繰《く》り返すことでリズムを生む。

例　これからも共に歩もう　これからも共に歩もう

参考　詩は、用語から口語詩・文語詩、形式から定型詩・自由詩・散文詩に分類できる。

入試に出る　実戦問題

☑ 次の詩を読んで、あとの問いに答えなさい。

＊飛《とび》込《こみ》（一）　村野《むらの》　四郎《しろう》

花のように雲たちの衣裳《いしょう》が開く
水の反射が
あなたの裸体《らたい》に縞《しま》をつける
あなたは遂《つい》に飛びだした
筋肉の翅《はね》で
日に焦《こ》げた小さい蜂《はち》よ
あなたは花に向《む》かって落ち
つき刺《さ》さるようにもぐりこんだ
軈《やが》て　あちらの花のかげから
あなたは出てくる
液体に濡《ぬ》れて
さも重たそうに

＊飛込＝水泳競技の一つ。飛び込《こ》みの技術と美しさを競う競技。

（「日本の詩　村野四郎」〈ほるぷ出版〉より）

●この詩では、プールに飛込をする「あなた」の様子を、何のどんな様子にたとえているか。□に当てはまる言葉を詩の中から抜《ぬ》き出して答えなさい。

[花]にもぐりこむ[蜂]の様子。

韻文

44 【韻文】短歌

入試ナビ

短歌では、解釈《かいしゃく》文の空欄補充《くうらんほじゅう》や選択《せんたく》問題が出題される。

★★★★★

短歌の特徴《とくちょう》

参考 短歌は「一首《いっしゅ》」「二首」と数える。

(1)**形式…五・七・五・七・七**（三十一音）**の定型詩。**それぞれの句は、上から順に、**初句《しょく》**（第一句）、第二句、第三句、第四句、結句《けっく》（第五句）とよぶ。

(2)**上《かみ》の句・下《しも》の句…第三句までを上の句、第四句以下を下の句**という。

(3)**字余り・字足らず…**三十一音より音数の**多いもの**を**字余り**、**少ないもの**を**字足らず**という。

(4)**句切れ…意味上の切れ目**のこと。句切れの位置によって、「**初句切れ**」「**二句切れ**」「**三句切れ**」「**四句切れ**」「**句切れなし**」という。

参考 文に直して句点（。）の付くところが句切れになる。

短歌の表現技法

(1)**体言（名詞）止め…結句や句切れの部分を体言（名詞）で止めて、**印象を強め、余韻《よいん》を残す。

例 海恋《こひ》し潮の遠鳴りかぞへ《え》てはを《お》とめとなりし父母《ちちはは》の家　与謝野晶子《よさのあきこ》

(2) **倒置《とうち》**…**語順を普通《ふつう》の文とは逆**にすることで、その部分を強調する。

例　金色《こんじき》のちひ《(い)》さき鳥のかたちして銀杏《いちやう》散るなり夕日の岡《をか》に　与謝野晶子

(3) **反復**…語句の繰《く》り返しで、その部分を強調する。

例　春の鳥な鳴きそ鳴きそあかあかと外《と》の面《も》の草に日の入《い》る夕《ゆふべ》　北原白秋《きたはらはくしゅう》

(4) **比喩《ひゆ》**…あるものの様子を他のものにたとえることで、印象を強める。

例　砂原と空と寄り合ふ《(う)》**九十九里《くじふくり》の磯《いそ》行く人ら**蟻《あり》のごとしも　伊藤左千夫《いとうさちお》

蟻にたとえている

参考　短歌は、文語で詠《よ》まれることが多い。歴史的仮名遣《かなづか》いである他、助詞の省略があったり、助詞「かな」、助動詞「なり」「けり」などが使われたりしている場合がある。

入試に出る 実戦問題

☑ **次の短歌を読んで、あとの問いに答えなさい。**

A　みちのくの母の命を一目見ん一目みんとぞただにいそげる　斎藤茂吉《さいとうもきち》

B　ぼたん花《くわ》は咲《さ》き定まりて静かなり花の占《し》めたる位置のたしかさ　木下利玄《きのしたりげん》

(1) 体言(名詞)止めが使われている短歌はどちらか。記号で答えなさい。［ B ］

(2) 反復が使われている短歌はどちらか。記号で答えなさい。［ A ］

(3) A・Bの短歌の句切れをそれぞれ答えなさい。

A［ 句切れなし ］　B［ 三句切れ ］

45 【韻文】俳句

入試ナビ

俳句では、季語・切れ字についての問題がよく出題される。

★★★★

俳句の特徴《とくちょう》

参考　俳句は「一句」「二句」と数える。

(1) **形式**…**五・七・五**（**十七音**）**の定型詩**。世界で最も短い詩といわれている。

(2) **字余り・字足らず**…十七音より音数の**多いもの**を**字余り**、**少ないもの**を**字足らず**という。

例　ながきながき（六音（字余り））春暁《しゅんぎょう》の貨車なつかしき　加藤楸邨《かとうしゅうそん》

(3) **自由律俳句**…五・七・五の定型にとらわれず、自由な音数で詠《よ》まれた俳句。

例　あるけばかつ《っ》こういそげばかつ《っ》こう　種田山頭火《たねださんとうか》

(4) **季語**…季節を表す語（季語）を、**一句に一つ詠み込《こ》む**のが原則。季語が入らない俳句を**無季俳句**という。

参考　季語が入らず、自由な音数で詠まれた俳句は、無季自由律俳句という。

注意　俳句の季語の季節は、現代の暦《こよみ》よりも約一か月ほど早いので、注意。「春」は現在の二～四月、「夏」は現在の五～七月、「秋」は現在の八～十月、「冬」は現在の十一～一月である。

俳句の表現技法

(1) **切れ字**…句の中の**切れ目や末尾《まつび》**にある、**詠嘆《えいたん》（感動）**や**強調**を表す助詞「**や・ぞ・か・かな**」、助動詞「**けり・なり・たり**」など。

例 万緑《ばんりょく》の中［や］吾子《あこ》の歯生え初《そ》むる　中村草田男《なかむらくさたお》

例 赤とんぼ筑波《つくば》に雲もなかり［けり］　正岡子規《まさおかしき》

(2) **句切れ**…**意味上の切れ目**のこと。句切れの位置で、「**初句切れ**」「**二句切れ**」「**句切れなし**」がある。

参考 直前に切れ字や体言止め、終止形がある場合に、句切れになる。

入試に出る 実戦問題

次の俳句を読んで、あとの問いに答えなさい。

A 荒海《あらうみ》や佐渡《さど》に横たふ(う)天の川　松尾芭蕉《まつおばしょう》

B 柿《かき》くへ(え)ば鐘《かね》が鳴るなり法隆寺《ほうりゅうじ》　正岡子規

C 白牡丹《はくぼたん》といふ(う)といへ(え)ども紅《こう》ほのか　高浜虚子《たかはまきょし》

D 鶯《うぐひす》のけはひ(い)興《おこ》りて鳴きにけり　中村草田男

E 咳《せき》をしてもひとり　尾崎放哉《おざきほうさい》

(1) A～Eの俳句から、切れ字を全て抜《ぬ》き出して答えなさい。［や・なり・けり］

(2) 字余りの俳句はどれか。記号で答えなさい。［C］

(3) 自由律俳句の俳句はどれか。記号で答えなさい。［E］

韻文

46

【作文】

課題作文の書き方①［前段の書き方］

入試ナビ

課題作文では、具体例と意見をバランスよく書くようにする。

★★★★★

構成の仕方

注意 原稿《げんこう》用紙に書き出す前に、メモを取るようにする。

(1)**手順に沿って作文の構成を考える**…次のような手順で構成を考える。

①課題に基づいて題材*を決める。**→**②考え(意見)の中心を決める。**→

③主張したい考えに合った題材かどうか確認《かくにん》する。

＊「題材」とは、具体例(経験・事実)のこと。

(2)**二段構成で書く指示がある場合、前段に具体例(経験・事実)を書く**…与《あた》えられた課題に対して、作文を二段構成にして、**具体例(経験・事実)と考え(意見)を分けて書く。**

注意 「三段構成で」と指示がある場合は、①具体例、②具体例に含《ふく》まれた問題点など、③考え(意見)、などのように、内容に応じて段落ごとに分けて書く。

(3)**具体例(経験・事実)は簡潔に書く**…前段の具体例は、全体の文字量の**半分程度の長さ**(多くても六割)にまとめるようにする。また、後段の考え(意見)に直接結び付くような具体例(経験・事実)を題材に選べているかどうか確認する。

題材の選び方

◎鮮明《せんめい》に印象に残っているような経験を選ぶとよい。次のようなポイントをおさえて選ぶ。

①与えられた課題に沿ったもの。

②強く印象に残っている事柄《ことがら》。

③自分の身近な出来事。

④独自性の強い経験。

入試に出る 実戦問題

□私たちは、四季折々の自然と関わりを持ちながら生活している。あなたの体験した中から、心に残る自然の情景や自然との触《ふ》れ合いを一つ取り上げ、それについて考えたり感じたりしたことを、あとの注意にしたがって書きなさい。

（↓P103に続く）

〈注意〉

(1)題材は、学校・家庭・地域などでの生活の中から、自由に選んでよい。

(2)文章の長さは、全体で三百字以上、四百字以内とする。

※ここでは、前段の具体例の部分を、百五十字以上二百字以内で書きなさい。（※マス目は全部で二百字分あります。）

　僕の家族は毎年、夏になると雪国に住む祖父母の家に遊びに行く。しかし昨年は、父の仕事の都合もあって、年末年始に訪れた。これまでも何度か、冬に訪れたことはあった。けれども昨年は雪が多く、あまりの猛吹雪にひたすら驚いた。雪道を歩いていて溝にはまり、動けなくなってしまったことさえあった。夏は涼しく過ごしやすく、おいしい海産物や農産物にも恵まれた土地だが、こんなに厳しい一面もあったのだと改めて感じた。

47

【作文】

課題作文の書き方②［後段の書き方］

入試ナビ

作文は、指定字数や正しい原稿《げんこう》用紙の使い方を守って書くようにする。

★★★★★

考え（意見）のまとめ方

(1)**考え（意見）の中心を明確にする**…主張したい考え（意見）は**一つに絞《しぼ》り、「なぜ」そのように考えたのか**を明らかにする。

(2)**考え（意見）は自分の言葉で書く**…単なる**感想を述べただけで終わらない**ようにする。また、新聞やテレビで見聞きしたことの受け売りにならないように注意し、自分が感じ、考えたことを、自分の言葉で書くようにする。

(3)**考え（意見）は二つに分けて書く**…主に次のような流れを参考にして書くとよい。

① **具体例（経験・事実）に含《ふく》まれた問題点や気になった点などを挙げる。**

② **①についての考え（意見）を述べる。**

注意 「二段構成で」との指示があれば、前段に具体例（経験・事実）を入れ、後段に考え（意見）①・②をまとめて入れる。特に指示がなければ、①・②それぞれを単独の段落としてもよい。

作文を書く際の注意点

◎**指定字数を守る**…指定された字数は、一字でも超《こ》えてはならない。また、少なすぎてもよくない。**指定字数の八割以上**で書くようにする。

注意　原稿《げんこう》用紙の正しい使い方にも注意。段落の初めは一字下げる、行末の欄外《らんがい》に句読点やかぎ（」）がくるときは最後の字と同じマス内か欄外に書く、会話文は原則、改行して「　」でくくる、など。

入試に出る　実戦問題

☑ 私たちは、四季折々の自然と関わりを持ちながら生活している。あなたの体験した中から、心に残る自然の情景や自然との触《ふ》れ合いを一つ取り上げ、それについて考えたり感じたりしたことを、あとの注意にしたがって書きなさい。

（↓P101の続き）

〈注意〉

(1)題材は、学校・家庭・地域などでの生活の中から、自由に選んでよい。

(2)文章の長さは、全体で三百字以上、四百字以内とする。

※ここでは、後段の考え（意見）の部分を、百五十字以上二百字以内で書きなさい。（※マス目は全部で二百字分あります。）

　今回、祖父の毎日の雪かきの手伝いも経験してみて、自然とは美しく優しいだけのものではないと痛感した。僕は普段、四季を通じて気候が穏やかな土地に住んでおり、自然の脅威というものを実感したことはなかった。しかし、自然を甘くみてはいけないと感じたし、「自然と共存する」という言葉の意味を考えるきっかけにもなった。「共存」と言いつつ、僕たちは自然から恵みだけを享受しようとしがちなのではないだろうかと感じた。

48

【作文】条件作文の書き方

入試ナビ

条件作文は、事前にメモを作ることで書くべき内容や構成を考えて書くようにする。

★★★★☆

条件作文の特徴《とくちょう》とまとめ方

(1) **与《あた》えられた条件の範囲《はんい》で書く**…与えられた課題に沿って自由に考えを述べる課題作文とは違《ちが》い、条件作文は与えられた**条件の分析《ぶんせき》**から出発し、そこから**離《はな》れることはできない**。条件には、次のようなものがある。

①ある文章を読み、その内容を要約したり、意見を述べたりする。

②グラフや統計などの資料から読み取った事柄《ことがら》を説明したり、意見を述べたりする。

③短歌や詩などを読み、その鑑賞《かんしょう》文や感想を書く。

④複数の異なる考え(意見)を読み、いずれかの立場に立って意見を述べる。

(2) **ポイントを絞《しぼ》って書く**…条件の範囲が広い場合、全てを網羅《もうら》しようとせず、**主な事柄を一つ選び**、それについての分析と意見をまとめるようにする。字数が限られているので、**的を絞って書く**ことが大切である。

構成の仕方

注意 課題作文と同様、書き始める前に、メモを取るようにする。

◎**基本は二段構成で書く**…課題作文と同様に、**二段構成**で書くものが多い。前段では条件の分析、後段ではそれについての考え（意見）を述べる。

入試に出る 実戦問題

☑ 社会は、目まぐるしく変化しています。あなたが大人になったら、どんな社会にしていきたいですか。次の条件を読み、⑴でAかBのどちらかを選び、それに基づいて自分の考えや意見を、⑵と⑶の条件にしたがって書きなさい。

〈条件〉

⑴A・Bのうち、選んだ記号を書くこと。
　A現状をこのように変えたいと思う点。
　B現状をこのように守りたいと思う点。

⑵二段構成にし、前段にあなたの体験や見聞を、後段にそれに基づいた考え（意見）を書くこと。

⑶全体を百八十字以上、二百字以内にすること。

（※マス目は全部で二百字分あります。）

●選んだ記号……［ B ］

　私の住む土地は田舎ということもあって、
隣近所との付き合いが欠かせない。常に人
目があって煩わしいところもなくはない。
でも、困ったことがあれば互いに助け合う
こともあるし、普段から挨拶を交わしたり
世間話をしたりして温かい雰囲気がある。
　私は、社会がどれだけ変化しようとも、
人は一人では生きられないと思う。中でも、
身近な人との助け合いほど心強いものはな
い。だから、今後もそれを守っていきたい
と思う。

直前チェック

ぜったい覚えよう！

よく出る漢字の書き取り

Aランク

- ①法律の**センモン**家。〔専門〕
- ②周囲の助けを**カ**りる。〔借〕
- ③**カンタン**に説明する。〔簡単〕
- ④**セキニン**感の強い人。〔責任〕
- ⑤**オンダン**な気候の土地。〔温暖〕
- ⑥新幹線の**オウフク**乗車券。〔往復〕
- ⑦道路を**カクチョウ**する。〔拡張〕
- ⑧頬《ほお》が赤く**ソ**まる。〔染〕
- ⑨日頃《ひごろ》から万一に**ソナ**える。〔備〕
- ⑩中学生**タイショウ**の本。〔対象〕
- ⑪業績が**ヒョウカ**される。〔評価〕
- ⑫長い歳月《さいげつ》を**ツイ**やす。〔費〕
- ⑬帰宅後に手をよく**アラ**う。〔洗〕

- ⑭武器を**ス**てる。〔捨〕
- ⑮身の**キケン**を感じる。〔危険〕
- ⑯結婚《けっこん》式に**ショウタイ**される。〔招待〕
- ⑰**ホウフ**な資源に恵《めぐ》まれる。〔豊富〕
- ⑱欠員を**オギナ**う。〔補〕
- ⑲自らの**ケイケン**を話す。〔経験〕
- ⑳実力を**ハッキ**する。〔発揮〕
- ㉑**イタダキ**に雪が残る山。〔頂〕
- ㉒**ココロヨ**いそよ風が吹《ふ》く。〔快〕
- ㉓**ヨウイ**には解決しない。〔容易〕
- ㉔受付に荷物を**アズ**ける。〔預〕
- ㉕選択肢《せんたくし》が多すぎて**コマ**る。〔困〕
- ㉖巨万《きょまん》の富を**キズ**く。〔築〕

㉗からすの**ム**れが飛ぶ。〔群〕

㉘**リュウイキ**面積の広い大河。〔流域〕

㉙気が**ス**むまで取り組む。〔済〕

㉚彼《かれ》は学者の**テンケイ**だ。〔典型〕

㉛説明を**ショウリャク**する。〔省略〕

㉜都会の真ん中で**ク**らす。〔暮〕

㉝話を聞いて**ナットク**する。〔納得〕

㉞太平洋を**コウカイ**する。〔航海〕

㉟深く頭《こうべ》を**タ**れる。〔垂〕

㊱古くから旅館を**イトナ**む家。〔営〕

㊲人口の**ブンプ**を調べる。〔分布〕

㊳法に**テ**らして処分する。〔照〕

㊴**メンミツ**な計画を立てる。〔綿密〕

㊵ピアノを**エンソウ**する。〔演奏〕

㊶耐震《たいしん》**コウゾウ**の強化。〔構造〕

㊷考え方が**オサナ**い。〔幼〕

㊸隣国《りんごく》との**キョウカイ**線。〔境界〕

㊹恩を胸に**キザ**む。〔刻〕

㊺口々に異議を**トナ**える。〔唱〕

㊻宣伝の**コウカ**が表れる。〔効果〕

㊼**デントウ**工芸品を使う。〔伝統〕

㊽身の**チヂ**む思いをする。〔縮〕

㊾日本屈指《くっし》の**コクソウ**地帯。〔穀倉〕

㊿体育祭の日程が**ノ**びる。〔延〕

51 **センレン**された身のこなし。〔洗練〕

52 知人宅を**ホウモン**する。〔訪問〕

53 入部の勧誘《かんゆう》を**コトワ**る。〔断〕

54 漁港として**サカ**える。〔栄〕

55 ピアノ向けの**ヘンキョク**。〔編曲〕

56 **オンコウ**な性格の持ち主。〔温厚〕

57 抵抗《ていこう》を**ココロ**みる。〔試〕

58 **フクザツ**な表情を見せる。〔複雑〕

直前チェック

よく出る漢字の書き取り

ぜったい覚えよう！

Bランク

- ①的確な**ハンダン**を下す。〔判断〕
- ②和解に**イタ**るまでの道のり。〔至〕
- ③**イチジル**しい変化が起こる。〔著〕
- ④けが人の**カンゴ**を行う。〔看護〕
- ⑤マフラーを**ア**む。〔編〕
- ⑥転居して住民票を**ウツ**す。〔移〕
- ⑦**ソウゾウ**と破壊《はかい》をくり返す。〔創造〕
- ⑧選択《せんたく》を**アヤマ**る。〔誤〕
- ⑨日本画の**テンラン**会。〔展覧〕
- ⑩**セスジ**を伸《の》ばして歩く。〔背筋〕
- ⑪**ウツワ**の大きい人物。〔器〕
- ⑫両国の**シンゼン**を深める。〔親善〕
- ⑬無限の可能性を**ヒ**める。〔秘〕

- ⑭彼女《かのじょ》の実力を**ミト**める。〔認〕
- ⑮雑誌を**ゾウサツ**する。〔増刷〕
- ⑯**ヒタイ**を集めて相談する。〔額〕
- ⑰市役所に**キンム**する。〔勤務〕
- ⑱**イキオ**い込《こ》んで話す。〔勢〕
- ⑲図面を**カクダイ**する。〔拡大〕
- ⑳一つの結論を**ミチビ**く。〔導〕
- ㉑思想の**コンカン**を探《さぐ》る。〔根幹〕
- ㉒研究の**セイカ**を発表する。〔成果〕
- ㉓注意が行き**トド**く。〔届〕
- ㉔史実に**モト**づいた小説。〔基〕
- ㉕**コキュウ**を整える。〔呼吸〕
- ㉖両者の考え方が**コト**なる。〔異〕

㉗旅客機を**ソウジュウ**する。〔操縦〕
㉘優《すぐ》れた**コウセキ**を残す。〔功績〕
㉙惨状《さんじょう》から目を**ソム**ける。〔背〕
㉚調理の手間を**ハブ**く。〔省〕
㉛荷物を**ユウビン**で送る。〔郵便〕
㉜チームを**ヒキ**いる。〔率〕
㉝**ボウエキ**赤字の縮小。〔貿易〕
㉞決勝戦の**マク**が開く。〔幕〕
㉟**ホガ**らかな笑い声が響《ひび》く。〔朗〕
㊱機械が**コショウ**する。〔故障〕
㊲驚《おどろ》いた小鳥が**アバ**れる。〔暴〕
㊳母親の顔立ちに**ニ**る。〔似〕
㊴平和を**キキュウ**する。〔希求〕
㊵相手のミスを**ユル**す。〔許〕
㊶食料を**チョゾウ**する。〔貯蔵〕
㊷彼女に**フタタ**び出会う。〔再〕

㊸**フンキ**して練習に励《はげ》む。〔奮起〕
㊹志**ナカ**ばで倒《たお》れる。〔半〕
㊺**ジョウシキ**にとらわれる。〔常識〕
㊻自分の耳を**ウタガ**う。〔疑〕
㊼青年の自立を**ササ**える。〔支〕
㊽**ゲンカク**な戒律《かいりつ》を守る。〔厳格〕
㊾参加**ジョウケン**を満たす。〔条件〕
㊿子どもが**スコ**やかに育つ。〔健〕
(51)**タ**ちばさみで布を切る。〔裁〕
(52)野生動物を**ホゴ**する。〔保護〕
(53)互《たが》いに技《わざ》を**キソ**う。〔競〕
(54)個々を**ソンチョウ**する。〔尊重〕
(55)主君に**チュウギ**を尽《つ》くす。〔忠義〕
(56)**アツ**い雲に覆《おお》われる。〔厚〕
(57)製造**カテイ**を調べる。〔過程〕
(58)彼《かれ》の知識量に舌を**マ**く。〔巻〕

ぜったい覚えよう!

よく出る漢字の読み取り

Aランク

①洗濯《せんたく》物を乾かす。〔かわ〕
②チームの優勝に貢献する。〔こうけん〕
③鋭い洞察《どうさつ》力を生かす。〔するど〕
④心の奥底《おくそこ》に潜む本音を話す。〔ひそ〕
⑤親しい間柄の友人。〔あいだがら〕
⑥夢中で本のページを繰る。〔く〕
⑦自らの任務を遂行する。〔すいこう〕
⑧周囲の景色を眺める。〔なが〕
⑨青春を燃焼させる。〔ねんしょう〕
⑩久々の再会で話が弾む。〔はず〕
⑪新入社員歓迎《かんげい》の催しを開く。〔もよお〕
⑫革のかばんを手に提げる。〔さ〕
⑬不安と期待が交錯する。〔こうさく〕

⑭資金作りに奔走する。〔ほんそう〕
⑮嵐《あらし》で堤防《ていぼう》が崩壊する。〔ほうかい〕
⑯著しい変化が見られる。〔いちじる〕
⑰交渉《こうしょう》が円滑に運ぶ。〔えんかつ〕
⑱敵の術中に陥る。〔おちい〕
⑲今年は殊に気温が低い。〔こと〕
⑳規範に従って生活する。〔きはん〕
㉑両者の力の均衡を保つ。〔きんこう〕
㉒表面上だけ取り繕う。〔つくろ〕
㉓新商品の開発に携わる。〔たずさ〕
㉔真剣に勝負する。〔しんけん〕
㉕久々の休日を満喫する。〔まんきつ〕
㉖身勝手な行動を戒める。〔いまし〕

㉗急成長を遂げた企業《きぎょう》。〔と〕

㉘自らの半生を顧みる。〔かえり〕

㉙ボールが弧を描《えが》いて飛ぶ。〔こ〕

㉚精魂込《こ》めて作り上げる。〔せいこん〕

㉛料亭《りょうてい》の中庭は趣がある。〔おもむき〕

㉜生徒が校歌を斉唱する。〔せいしょう〕

㉝懸命《けんめい》に怒《いか》りを抑える。〔おさ〕

㉞材料をよく吟味する。〔ぎんみ〕

㉟危険を伴う手術を行う。〔ともな〕

㊱判断の根拠を述べる。〔こんきょ〕

㊲苦境に耐《た》えて初志を貫く。〔つらぬ〕

㊳空が厚い雲で覆われる。〔おお〕

㊴準備を怠らずに進める。〔おこた〕

㊵ひそかに心の師と仰ぐ人物。〔あお〕

㊶内容を克明に記録する。〔こくめい〕

㊷取材の裏話を披露する。〔ひろう〕

㊸時代を超《こ》えた不朽の名作。〔ふきゅう〕

㊹人込みに紛れて見失う。〔まぎ〕

㊺前の方針を踏襲する。〔とうしゅう〕

㊻敵に決闘《けっとう》を挑む。〔いど〕

㊼不穏《ふおん》な空気が漂う。〔ただよ〕

㊽臨時収入で家計が潤う。〔うるお〕

㊾部員の士気を鼓舞する。〔こぶ〕

㊿強いて言えば不愉快《ふゆかい》だ。〔し〕

51 頻繁にやりとりする。〔ひんぱん〕

52 朝日に映える雪山。〔は〕

53 講演会の参加者を募る。〔つの〕

54 陰影に富んだ文章。〔いんえい〕

55 時を隔てて再会する。〔へだ〕

56 幼子の笑顔《えがお》に心が和む。〔なご〕

57 柔和な表情の仏像。〔にゅうわ〕

58 競うように買い集める。〔さそ〕

よく出る漢字の読み取り

ぜったい覚えよう！

Bランク

①図書館で資料を閲覧する。〔えつらん〕
②核心《かくしん》に迫る質問をする。〔せま〕
③休養を勧められる。〔すす〕
④時代を象徴する事件。〔しょうちょう〕
⑤先輩《せんぱい》に促されて挨拶《あいさつ》する。〔うなが〕
⑥抑揚のない声で読む。〔よくよう〕
⑦荘重な式典が行われる。〔そうちょう〕
⑧急な知らせに慌てる。〔あわ〕
⑨大きな不安を抱える。〔かか〕
⑩効果が顕著に表れる。〔けんちょ〕
⑪日々の訓練で心身を鍛える。〔きた〕
⑫古都の名残をとどめた街並。〔なごり〕
⑬文明の恵《めぐ》みを享受する。〔きょうじゅ〕

⑭息苦しい沈黙が続く。〔ちんもく〕
⑮起伏に富んだ人生。〔きふく〕
⑯ばらの花が芳香を放つ。〔ほうこう〕
⑰無理な要求を拒む。〔こば〕
⑱支払《しはら》いを一か月猶予する。〔ゆうよ〕
⑲現在の状況《じょうきょう》を把握する。〔はあく〕
⑳新生活への期待が膨らむ。〔ふく〕
㉑古池に水草が繁茂する。〔はんも〕
㉒目標達成に骨身を削る。〔けず〕
㉓泣きたい衝動に駆《か》られる。〔しょうどう〕
㉔経過を逐次報告する。〔ちくじ〕
㉕情景が鮮やかに浮《う》かぶ。〔あざ〕
㉖スローガンを掲げる。〔かか〕

㉗知識の乏しさを恥《は》じる。〔とぼ〕

㉘景気回復の兆候がある。〔ちょうこう〕

㉙光沢のある白い紙。〔こうたく〕

㉚専ら試験勉強に励《はげ》む。〔もっぱ〕

㉛鐘《かね》の音が静寂を破る。〔せいじゃく〕

㉜契約《けいやく》を白紙に戻す。〔もど〕

㉝法律を遵守する。〔じゅんしゅ〕

㉞部下の不心得を諭す。〔さと〕

㉟国際情勢が緊張する。〔きんちょう〕

㊱見事な細工が施される。〔ほどこ〕

㊲虫が伝染病を媒介する。〔ばいかい〕

㊳宝石をお金に換える。〔か〕

㊴自然の恩恵を被《こうむ》る。〔おんけい〕

㊵穏やかな天候が続く。〔おだ〕

㊶過去の栄光に浸る。〔ひた〕

㊷患者《かんじゃ》が痛みを訴える。〔うった〕

㊸弁当箱にご飯を詰める。〔つ〕

㊹王者の座を巡る戦い。〔めぐ〕

㊺問題点を示唆される。〔しさ〕

㊻王が援軍《えんぐん》の派遣を命じる。〔はけん〕

㊼表面を滑らかに磨《みが》く。〔なめ〕

㊽傷口に薬を塗布する。〔とふ〕

㊾淡い恋心《こいごころ》が芽生える。〔あわ〕

㊿戦って権利を獲得する。〔かくとく〕

51 遠く離《はな》れた祖国を慕う。〔した〕

52 警視庁の管轄の部署。〔かんかつ〕

53 緩やかな斜面《しゃめん》を下る。〔ゆる〕

54 不調で仕事が滞る。〔とどこお〕

55 研究成果が凝縮された本。〔ぎょうしゅく〕

56 秀逸な作品が多い。〔しゅういつ〕

57 自分の気持ちを偽る。〔いつわ〕

58 負傷して激痛に襲われる。〔おそ〕

よく出る同音異義語

ぜったい覚えよう！

① 存在**イギ**を見いだす。〔意義〕
法廷《ほうてい》に**イギ**を申し立てる。〔異議〕

② 公民館を**カイホウ**する。〔開放〕
貧困《ひんこん》から**カイホウ**される。〔解放〕

③ 文壇《ぶんだん》で**イサイ**を放つ新人。〔異彩〕
イサイは後日説明する。〔委細〕

④ 彼《かれ》の熱意に**カンシン**する。〔感心〕
歴史に**カンシン**をもつ。〔関心〕
カンシンに堪《た》えない出来事。〔寒心〕
上司の**カンシン**を買う。〔歓心〕

---

⑤ **ソウゾウ**通りの結果になる。〔想像〕
新たな文化を**ソウゾウ**する。〔創造〕

⑥ 夜八時まで**ソウギョウ**する。〔操業〕
ソウギョウ五十周年の式典。〔創業〕

⑦ 人生の**キロ**に立つ。〔岐路〕
仕事を終えて**キロ**につく。〔帰路〕

⑧ 番組の**コウセイ**を考える。〔構成〕
福利**コウセイ**の整った企業《きぎょう》。〔厚生〕
コウセイに残る偉大《いだい》な事業。〔後世〕
コウセイな判断を下す。〔公正〕

⑨
日々の努力の**ケッショウ**だ。〔結晶〕
大会の**ケッショウ**まで進む。〔決勝〕

⑩
世界平和を**キネン**する。〔祈念〕
開店一周年を**キネン**する。〔記念〕

⑪
イゼン見たことのある映画。〔以前〕
事態は**イゼン**深刻だ。〔依然〕

⑫
コジン事業主として働く。〔個人〕
コジンの冥福《めいふく》を祈《いの》る。〔故人〕
コジンの教えに学ぶ。〔古人〕

⑬
会社発展の**ケイキ**となる。〔契機〕
ケイキが回復する。〔景気〕
囚人《しゅうじん》が**ケイキ**を終える。〔刑期〕

---

⑭
携帯《けいたい》電話が**フキュウ**する。〔普及〕
これは**フキュウ**の名作だ。〔不朽〕

⑮
不況《ふきょう》で業績が**フシン**だ。〔不振〕
彼の言動を**フシン**に思う。〔不審〕

⑯
結婚《けっこん》式の花嫁《はなよめ》**イショウ**。〔衣装〕
イショウを凝《こ》らしたデザイン。〔意匠〕

⑰
参加者の注意を**カンキ**する。〔喚起〕
窓を開けて**カンキ**する。〔換気〕
優勝の知らせに**カンキ**する。〔歓喜〕

⑱
本文と訳文の**タイショウ**。〔対照〕
大学生**タイショウ**の説明会。〔対象〕
左右**タイショウ**の図形。〔対称〕

ぜったい覚えよう！

よく出る同訓異字

①
- 遅刻《ちこく》したことを**アヤマ**る。〔謝〕
- 将来の選択《せんたく》を**アヤマ**る。〔誤〕

②
- ボールの動きを目で**オ**う。〔追〕
- 心に深い傷を**オ**う。〔負〕

③
- 感謝を言葉に**アラワ**す。〔表〕
- みるみる頭角を**アラワ**す。〔現〕
- 百五十年の社史を**アラワ**す。〔著〕

④
- 川に鉄橋を**カ**ける。〔架〕
- ライオンが大地を**カ**ける。〔駆〕
- 責任感に**カ**ける行動。〔欠〕

⑤
- 式典の開催《かいさい》日が**ノ**びる。〔延〕
- 背筋が**ノ**びる思いがする。〔伸〕

⑥
- 暴風雨で家が**イタ**む。〔傷〕
- けがをした足が**イタ**む。〔痛〕

⑦
- 緩《ゆる》んだねじを**シ**める。〔締〕
- 悩《なや》みが心の中心を**シ**める。〔占〕
- 失言して自分の首を**シ**める。〔絞〕

⑧
- ばらの花が見事に**サ**く。〔咲〕
- 愛し合う二人の仲を**サ**く。〔裂〕
- 貴重な時間を**サ**く。〔割〕

⑨
墓前に花を**ソナ**える。〔供〕
万一に**ソナ**える。〔備〕

⑩
家庭を**カエリ**みず働く。〔顧〕
我が身を**カエリ**みて恥《は》じる。〔省〕

⑪
地中深く**ホ**る。〔掘〕
墓石に名前を**ホ**る。〔彫〕

⑫
学級委員長を**ツト**める。〔務〕
長年、製薬会社に**ツト**める。〔勤〕
目標の実現に**ツト**める。〔努〕

⑬
先方との交渉《こうしょう》を**スス**める。〔進〕
会合への参加を**スス**める。〔勧〕
新部長として彼《かれ》を**スス**める。〔薦〕

⑭
委員長を**カゲ**で支える。〔陰〕
逃《に》げ足が速く、**カゲ**も形もない。〔影〕

⑮
はとを大空に**ハナ**す。〔放〕
つないでいた手を**ハナ**す。〔離〕

⑯
川に**ソ**って歩く。〔沿〕
病人に付き**ソ**う。〔添〕

⑰
深夜に人通りが**タ**える。〔絶〕
高い水圧にも**タ**える水槽《すいそう》。〔耐〕
鑑賞《かんしょう》に**タ**える作品。〔堪〕

⑱
オカした罪を償《つぐな》う。〔犯〕
危険を**オカ**して臨《のぞ》む。〔冒〕
オカされた領土を取り戻《もど》す。〔侵〕

直前チェック

ぜったい覚えよう！

動詞・形容詞・形容動詞・助動詞の活用表

動詞の活用表

活用の種類	基本形	活用形	未然形	連用形	終止形	連体形	仮定形	命令形
		語幹／続き方	ナイ・ウ・ヨウに続く	マス・タに続く	言い切る	トキに続く	バに続く	命令して言い切る
五段活用	話す	はな	さ・そ	し	す	す	せ	せ
上一段活用	起きる	お	き	き	きる	きる	きれ	きろ・きよ
下一段活用	出る	○	で	で	でる	でる	でれ	でろ・でよ
カ変	来る	○	こ	き	くる	くる	くれ	こい
サ変	する	○	し・せ・さ	し	する	する	すれ	しろ・せよ

形容詞・形容動詞の活用表

活用の種類	基本形	活用形	未然形	連用形	終止形	連体形	仮定形	命令形
		語幹／続き方	ウに続く	タ・ナイ・ナルに続く	言い切る	トキ・ノデ（ノ）に続く	バに続く	命令して言い切る
形容詞	高い	たか	かろ	かっ・く・う	い	い	けれ	○

形容動詞①	きれいだ	きれい	だろ	だっ・で・に	だ	な	なら	○
形容動詞②	きれいです	きれい	でしょ	でし	です	(です)	○	○

助動詞の活用表

意味	基本形	活用形／用例	未然形	連用形	終止形	連体形	仮定形	命令形	主な接続
受け身 可能 自発 尊敬	れる	呼ばれる	れ	れ	れる	れる	れれ	れろ れよ	動詞の未然形（五段・サ変）
	られる	来られる	られ	られ	られる	られる	られれ	られろ られよ	動詞の未然形（上一段・下一段・カ変）
使役《しえき》	せる	読ませる	せ	せ	せる	せる	せれ	せろ せよ	動詞の未然形（五段・サ変）
	させる	着させる	させ	させ	させる	させる	させれ	させろ させよ	動詞の未然形（上一段・下一段・カ変）
推量 意志 勧誘《かんゆう》	う	語ろう	○	○	う	(う)	○	○	未然形（五段・形容詞・形容動詞）
	よう	見よう	○	○	よう	(よう)	○	○	動詞の未然形（五段以外）

助動詞の活用表

意味	基本形	活用形／用例	未然形	連用形	終止形	連体形	仮定形	命令形	主な接続
打ち消しの意志 打ち消しの推量	まい	降るまい	○	○	まい	（まい）	○	○	動詞の終止形（五段以外の動詞では未然形にも）
打ち消し（否定）	ない	行かない	なかろ	なかっ なく	ない	ない	なけれ	○	動詞の未然形
	ぬ（ん）	ならぬ（ならん）	○	ず	ぬ（ん）	ぬ（ん）	ね	○	
過去 完了《かんりょう》 存続 想起	た（だ）	行った	たろ（だろ）	○	た（だ）	た（だ）	たら（だら）	○	連用形（動詞・形容詞・形容動詞）
希望	たい	書きたい	たかろ	たかっ たく	たい	たい	たけれ	○	動詞の連用形
	たがる	食べたがる	たがら たがろ	たがり たがっ	たがる	たがる	たがれ	○	
断定	だ	本だ	だろ	だっ で	だ	（な）	なら	○	体言 助詞「の」
	です	本です	でしょ	でし	です	（です）	○	○	

丁寧《ていねい》	ます	開けます	ませ ましょ	まし	ます	ます	ますれ	ませ まし	動詞の連用形
推定 様態	そうだ	降りそうだ	そうだろ	そうだっ そうで そうに	そうだ	そうな	そうなら	○	動詞の連用形 形容詞・形容動詞の語幹
	そうです	降りそうです	そうでしょ	そうでし	そうです	(そうです)	○	○	
伝聞	そうだ	降るそうだ	○	そうで	そうだ	○	○	○	終止形（動詞・形容詞・形容動詞）
	そうです	降るそうです	○	そうでし	そうです	(そうです)	○	○	
推定 比喩《ひゆ》 例示	ようだ	降るようだ	ようだろ	ようだっ ようで ように	ようだ	ような	ようなら	○	連体形（動詞・形容詞・形容動詞） 助詞「の」
	ようです	降るようです	ようでしょ	ようでし	ようです	(ようです)	○	○	
推定	らしい	降るらしい	○	らしかっ らしく	らしい	らしい	(らしけれ)	○	終止形（動詞・形容詞） 形容動詞の語幹　体言

さくいん

読者アンケートのお願い

本書に関するアンケートにご協力ください。
右のコードかURLからアクセスし、
以下のアンケート番号を入力してご回答ください。
当事業部に届いたものの中から抽選で年間200名様に、
「図書カードネットギフト」500円分をプレゼントいたします。

Webページ https://ieben.gakken.jp/qr/derunavi/

アンケート番号 305603

高校入試 出るナビ 国語 改訂版

本文デザイン シン デザイン
編集協力 (有)マイプラン
本文イラスト たむらかずみ
DTP 有限会社 新榮企画

この本は下記のように環境に配慮して製作しました。
・製版フィルムを使用しないCTP方式で印刷しました。
・環境に配慮して作られた紙を使用しています。
※赤フィルターの材質は「PET」です。